丹野哲也
武富博文
［編著］

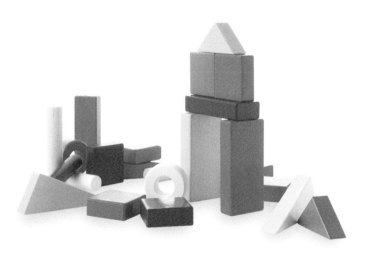

知的障害教育における
カリキュラム・マネジメント

東洋館出版社

まえがき

　平成29年3月に幼稚園教育要領，小学校及び中学校学習指導要領，続く同年4月に特別支援学校幼稚部教育要領，小学部・中学部学習指導要領が公示されました。今般の改訂のキーワードとして，「社会に開かれた教育課程」の実現を目指し，各学校において「カリキュラム・マネジメント」を推進していくことが，新学習指導要領等の総則において規定されています。

　本書は，「カリキュラム・マネジメント」を主題としており，ねらいや課題として，次の2点がありました。

　1点目は，「カリキュラム」と「マネジメント」という二つの用語が一体となったものですが，各学校において日々実践に当たられている先生方は，「教育課程」イコール「カリキュラム」，「マネジメント」イコール「管理職の方が行うもの」という捉え方が多くあるのではないかと思いました。新学習指導要領に規定された「カリキュラム・マネジメント」の定義に基づき，その本質的な意味を多くの事例の中から抽出し，広く共有したいというねらいでした。

　2点目は，知的障害のある子供たちを対象とする特別支援学校や特別支援学級では，「カリキュラム・マネジメント」と表現しないまでも，各学校・学級において，教育課程の編成・実施・評価・改善の過程の中で，地域の様々な人的・物的資源を活用した教育活動の展開など，創意工夫された豊かな教育実践が多くの学校で行われてきているという，ある意味，知的障害のある子供たちの教育に関わる専門家としての私たちの自負があるものの，それをうまく実証できていないという課題意識でした。というのも，知的障害のある子供たちの教育を考える場合には，卒業後の子供たちの豊かな生活の実現を目指して，子供たちの生活そして社会とのつながりを常に想定した具体的な教育活動が必要不可欠であり，そのための指導計画や教材・教具，補助具などの環境整備，さらに家庭や地域の方々や関係機関との連携，このような営みの方向性を打ち出す学校経営方針など，様々な職責や役割に応じたマネジメントがされている状況があると考えられたからです。

　各学校ですでに実践されていること，あるいは教育委員会が教育施策として行ってきていることを「カリキュラム・マネジメント」の視点で整理することにより，子供たちの教育を豊かにしていくエッセンスを明確にできるものと考えました。

　本書の構成は，次のようになっています。

　第Ⅰ章では，特別支援学校学習指導要領で規定する「カリキュラム・マネジメント」の概要と知的障害のある児童生徒のための各教科等について，教育課程編成の視点から整理しています。

　第Ⅱ章では，各学校で「カリキュラム・マネジメント」を促進するために共通となるエ

ッセンスを理論的に整理しています。「カリキュラム・マネジメント促進フレームワーク」が多くの学校の校内研修等で活用され、研究を活性化する一助となる一助となることを期待しています。

第Ⅲ章第1節は、「個別の指導に係る内容」における実践事例です。担任という立場から、一人一人の子供の教育的ニーズや障害の特性等を踏まえて、どのように課題を設定し、学習上や生活上の課題を改善・克服しようとしたのかについて、個別の教育支援計画や個別の指導計画の活用を含め、教科等横断的な視点等を踏まえた指導の効果について、事前・事後の児童生徒の変容の姿を通した検証結果を記述していただくようにしました。

第Ⅲ章第2節は、「授業改善に係る内容」における実践事例です。担任や担当者個人としての取組ではなく、授業担当者や各学部等がチームとして組織的に「カリキュラム・マネジメント」に取り組んでいく過程や、その過程で「何を意図したのか」（目的やコンセプト）を明らかにするとともに、その意図を具現化する際に、知的障害のある児童生徒の学習上の特性等を踏まえて、どのような方法等を用いたのかについて、教科等横断的な視点や人的・物的資源の活用の観点等を含めて記述し、その成果や課題についてまとめていただきました。

第Ⅲ章第3節は、「新規研究開発についての内容」における事例です。学校組織全体を通した俯瞰的な視点から、各学校の現状や課題をどのように捉え、事業等（研究指定、教育施策と連動した取組等）の展開や活用により、どのような目的のもとに何をどのように改善しようとしたのか等を明らかにするとともに、効果の検証と新たに生じた成果と課題（課題に対しては改善を図るためのさらなるアイディアやプラン等）についてまとめていただきました。

第Ⅲ章第4節は、「教育施策に係る内容」における事例です。行政や研究組織等の立場から自治体や組織体の現状と課題の分析を踏まえて、課題の解決を図る仮説の設定や「社会に開かれた教育課程」の実現に向けて、どのような考え方のもとに具体的な工夫を講じたのかについて触れていただくとともに、さらにそれらの事業等の成果と課題を整理し、記述していただきました。特に知的障害のある児童生徒の実態や学習上の特性、教職員の実態や課題等を踏まえて、どのような課題解決モデルを構想したのかに関するロジックモデル（①どのような資源を投入するのか、②どのような活動に取り組むのか、③どのような結果を生じさせるのか、④どのような成果や効果を生み出そうとしたか）を示し、成果指標を踏まえた考察を加えていただくようにしました。

第Ⅳ章は、「カリキュラム・マネジメント」をさらに充実させるための、思考ツールや各学校での校内研修の在り方などを紹介することにより、教育課程編成を軸にした「カリキュラム・マネジメント」研究の面白さを多くの方々と共有できればと考えました。

「カリキュラム・マネジメント」そのものは、子供たちの教育をさらに充実・発展させるための手段であり、目的でないことを踏まえながらも、実践事例に基づいた帰納的な方法により、新学習指導要領等に規定された「カリキュラム・マネジメント」の具体が、多

くの先生方と共有されていくことは，重要な意義があると考えています。

　結びとなりますが，本書の発刊に当たりましては，全国の先生方にご執筆いただきました。そして，定期的に学習会を重ねてきました政策研究大学院大学教育政策プログラムコース元コーディネーターの山本公香氏をはじめとする教育政策研究会（特別支援教育部会）の皆さまのご尽力がありましたことに深く感謝申し上げます。

　さらに，本書の企画から発刊まで，常に子供たちの視点からご助言をいただき，執筆を支えてくださいました東洋館出版社編集部の大場亨氏に心からお礼を申し上げます。

　本書は，武富博文・松見和樹編著『知的障害教育におけるアクティブ・ラーニング』（平成29年2月刊行）に続くものです。ご一緒にお読みいただければ，私たちが目指しているもの，すなわち学習者である子供たちの学ぶ姿や成長，変容する姿を捉えようとしている点について，まだまだ粗削りですが，多少なりともお分かりいただけるのではないかと考えています。

　知的障害のある子供たちの可能性をさらにひろげるためには，そのことを包括できる豊かな社会的・文化的な基盤や環境が何よりも重要です。本書がその一助となることを祈念しています。

　平成30年3月

丹野　哲也，武富　博文

「第Ⅲ章　カリキュラム・マネジメントの実際」の特徴
　第Ⅲ章第1節及び第2節における各事例は，Plan - Do - Check - Action の構成で記述してあります。
　Plan
　　P-1　課題の把握
　　P-2　当初の（これまでの）指導計画
　　P-3　改善後の指導計画
　　　⑴　改善後の指導計画表
　　　⑵　改善の視点
　Do　指導の実際
　C・A（Check - Action）　指導の振り返り
　　　⑴　児童生徒の変容
　　　⑵　成果とさらなる課題
　第3節及び第4節は，新規研究開発や教育施策におけるカリキュラム・マネジメントの一連の経緯や取組の展開，その実際，そして成果と課題がわかるように構成してあります。
　構成そのものについても，カリキュラム・マネジメントの視点として活用していただけると考えています。

知的障害教育における
カリキュラム・マネジメント

まえがき …… 1

第Ⅰ章 特別支援学校学習指導要領における カリキュラム・マネジメント

1 新特別支援学校学習指導要領に基づくカリキュラム・マネジメント …… 8
2 知的障害教育における教育課程編成の工夫 …… 11
3 教育課程編成と個別の指導計画 …… 21
4 全教職員で共有するカリキュラム・マネジメントの視点 …… 21
5 まとめに代えて …… 22

第Ⅱ章 カリキュラム・マネジメントを促進するために

1 知的障害教育におけるカリキュラム・マネジメントの独自性 …… 28
2 カリキュラム・マネジメントを促進させる八つの要因 …… 29
3 カリキュラム・マネジメント促進フレームワークの検討過程と活用に向けて …… 32
4 カリキュラム・マネジメントを促進する具体的アイディアとポイント …… 35

第Ⅲ章 カリキュラム・マネジメントの実際

1 個別の指導等におけるカリキュラム・マネジメント

■指導計画の見直しを通した質的な授業改善 …… 42
　〜高等部木工班における，生徒の自己有能感等の育成を目指した取組〜

- ■ 出掛けよう …… 46
    〜店員との挨拶ややり取りについて考えよう〜
- ■ 重度・重複障害のある子供への指導 …… 50
- ■ 自らの考えや思いを表現し,
    自己主張することを目指した自立活動の取組 …… 54
- ■ 知的障害特別支援学級のカリキュラム・マネジメント …… 58
    〜むかしの生活を体験してみよう〜
- ■ 個人内の発達の状況を踏まえた支援の改善 …… 62
    〜教科をまたいだ支援の実施〜

2 授業改善を目指したカリキュラム・マネジメント

- ■ 学校生活を彩る単元の再構成 …… 66
    〜運動会グッズづくり　みんなで盛り上げよう〜
- ■ いろいろな計算をしよう …… 70
    〜小数や割合で比べよう〜
- ■ よりよい作物や製品を目指して
    主体的に課題解決する力の育成を目指す作業学習の取組 …… 74
    〜地域と協働したブランド野菜「白神ねぎ」の栽培と加工・販売〜
- ■ 「課題発見・解決学習」を取り入れた製品開発 …… 78
- ■ 地域との関わりを通して, 生徒の生きる力を育む専門実習の取組 …… 82
    〜手づくりパン Honnête の運営の中で育つ生徒たち〜
- ■ 現場実習の振り返りを次の学習活動につなげる …… 86
- ■ 人との関係性の中で自らの価値を磨き,
    実感できるカリキュラムの実現を目指して …… 90
- ■ 認め合い尊重し合う心を育てる学校間交流の実践 …… 94
    〜共生社会の実現に向けて〜

3 新規研究開発等におけるカリキュラム・マネジメント

- ■ キャリア教育の推進に向けたカリキュラム・マネジメントの方策 …… 98
- ■ 青森県特別支援学校技能検定・発表会を活用した取組 …… 102
- ■ 模擬株式会社による作業学習の充実 …… 106
    〜「社会に開かれた教育課程」と「協同学習」の活用〜
- ■ 花壇整備で広がる ESD …… 110
    〜地域ボランティアと共に育てる花壇〜

- ■ 教育課程研究とカリキュラム・マネジメント …… 114
  〜特別支援学校における教育課程の編成等についての実践研究〜
- ■ 外部専門家との連携とカリキュラム・マネジメント …… 118
  〜心理職活用の可能性を考える〜

4 教育施策とカリキュラム・マネジメント

- ■ 自閉症教育の推進とカリキュラム・マネジメント …… 122
- ■ 各教科等を合わせた指導を効果的に取り入れた週時程編成① …… 126
- ■ 各教科等を合わせた指導を効果的に取り入れた週時程編成② …… 130
- ■ 企業との連携，地域との協働，
  他校とのリソース相互活用による学びの環境の開発 …… 134
  〜産業現場実習と地域協働・共生型活動を通したキャリア発達支援〜
- ■ 自立活動の時間の指導を効果的に取り入れた週時程編成 …… 138
  〜主体的・自発的な活動に導くために〜
- ■ ネットワークを活用した教育課程の改善 …… 142
- ■ 学校を核とした地域の創造 …… 146
  〜「つながり」をキーワードに〜
- ■ 特別支援学級担当者の専門性向上パッケージの開発 …… 150
  〜千葉県総合教育センターの調査研究事業より〜
- ■ 教育課程編成の進め方に関する工夫 …… 154

第Ⅳ章 カリキュラム・マネジメント促進に向けた参考資料

1. カリキュラム・マネジメント促進フレームワーク …… 160
2. カリキュラム・マネジメントツール …… 162
3. 校内外における研修等の充実のために …… 168
4. 授業研究の工夫 …… 172
5. 関係法規 …… 174
6. 教育課程編成の手順の一例 …… 175

特別支援学校学習指導要領におけるカリキュラム・マネジメント

第Ⅰ章

知的障害教育におけるカリキュラム・マネジメント

1 新特別支援学校学習指導要領に基づく カリキュラム・マネジメント

(1)「社会に開かれた教育課程」の実現とカリキュラム・マネジメント

　平成29年3月31日に，幼稚園教育要領，小学校及び中学校学習指導要領が公示され，続く同年4月28日に，特別支援学校幼稚部教育要領，小学部・中学部学習指導要領が公示された。

　これらの新学習指導要領等における改訂の理念として，「社会に開かれた教育課程」を実現していくことが示されている。その理念については，今般の改訂において新設された「前文」にて示され，次のとおりである。

　　教育課程を通して，これからの時代に求められる教育を実現していくためには，よりよい学校教育を通してよりよい社会を創るという理念を学校と社会が共有し，<u>それぞれの学校において，必要な学習内容をどのように学び，どのような資質・能力を身に付けられるようにするのかを教育課程において明確にし</u>ながら，<u>社会との連携及び協働</u>によりその実現を図っていくという，<u>社会に開かれた教育課程の実現</u>が重要となる。
　　（下線部は筆者による。）

　新学習指導要領等は，このような理念の実現に向けて必要となる教育課程の基準を大綱的に示している。各学校では，児童生徒の障害の特性や発達の段階及び生活年齢等を十分に踏まえながら，家庭や地域社会と協働して，教育活動の質の向上を図る必要がある。そのために教育活動の根拠となる教育課程について，教育課程の編成・実施・管理・評価・改善を学校経営の中核に据えながらマネジメントしていくことが求められている。

　新学習指導要領に規定される「カリキュラム・マネジメント」の側面から，教育課程を俯瞰的に捉え，全ての教職員の方々が教育課程を共有し，教育活動に結び付けていくことが重要である。

　ところで一般的には，教育課程を編成，実施し，それを評価し改善を図るというサイクルであるが，本稿では，教育課程を編成し実施すること，そしてその進捗状況を「管理」していくことが特に重要であるとの認識から，「教育課程の編成・実施・管理・評価・改善」と表現している。

　「カリキュラム・マネジメント」の充実は，新学習指導要領等の改訂の方向性の核となるものであるが，その重要性が答申等において示されたのは，平成15年10月の学習指導要領の一部改訂における中央教育審議会答申である。すなわち「校長や教員等が学習指導要領や教育課程についての理解を深め，教育課程の開発や経営（カリキュラム・マネジメント）に関する能力を養うことが極めて重要である」[1]と指摘されている。

　これに続き，現行の学習指導要領等の改訂（平成20～21年改訂）の方向性を示した平

成20年1月の中央教育審議会答申では,「各学校においては,このような諸条件を適切に活用して,教育課程や指導方法等を不断に見直すことにより効果的な教育活動を充実させるといったカリキュラム・マネジメントを確立することが求められる」[2]とされている。

「カリキュラム・マネジメント」の重要性は,今般の改訂における審議の過程で突如として着目されてきたのではなく,これまでの学習指導要領等の改訂の過程においても,重要性については審議されてきた上で,今般の改訂がなされたと捉えることができる。

(2) 新特別支援学校学習指導要領に基づく「カリキュラム・マネジメント」の規定

それでは,平成29年4月28日に公示された特別支援学校小学部・中学部学習指導要領(以下,「新特別支援学校学習指導要領」という。)における「カリキュラム・マネジメント」の規定について述べる。

【新特別支援学校学習指導要領第1章総則第2節の4】
4　各学校においては,①児童又は生徒や学校,地域の実態を適切に把握し,教育の目的や目標の実現に必要な教育の内容等を教科等横断的な視点で組み立てていくこと,②教育課程の実施状況を評価してその改善を図っていくこと,③教育課程の実施に必要な人的又は物的な体制を確保するとともにその改善を図っていくことなどを通して,教育課程に基づき組織的かつ計画的に各学校の教育活動の質の向上を図っていくこと(以下「カリキュラム・マネジメント」という。)に努めるものとする。その際,児童又は生徒に何が身に付いたかという学習の成果を的確に捉え,第3節の3の(3)のイに示す④個別の指導計画の実施状況の評価と改善を,教育課程の評価と改善につなげていくよう工夫すること。(下線部及び丸数字は,筆者による。)

本事項は,4点の側面から構成されている。

1点目の側面は「児童又は生徒や学校,地域の実態を適切に把握し,教育の目的や目標の実現に必要な教育の内容等を教科等横断的な視点で組み立てていくこと」である。

教育課程は,児童生徒の障害の状態,特性や発達の段階及び生活年齢等,さらには,学校や地域の実態を十分に把握して,編成されることが必要である。各学校においては,児童生徒の学習における観点別学習状況の評価や学校評価に関する質問紙などの各種調査結果やデータ等に基づき,児童生徒の姿や学校及び地域の現状を定期的に把握したり,保護者や地域住民の方々の意向等を的確に把握したりした上で,学校の教育目標など教育課程の編成の骨格となる事項を定めていくことが求められる。

2点目の側面は,「教育課程の実施状況を評価してその改善を図っていくこと」である。

各学校で,児童生徒の学習状況を示すデータや保護者等の学校評価アンケート等を活用して,児童生徒の学習状況や発達の段階等,さらに学校,地域の実態等を把握し,そうした結果等から教育目標の実現状況や教育課程の実施状況を確認し分析して課題となる事項を見いだし,改善に向けた方針を立案して実施していくことが求められる。

3点目の側面は、「教育課程の実施に必要な人的又は物的な体制を確保するとともにその改善を図っていくこと」である。

教育課程の実施に当たっては、人材や予算、時間、情報といった人的又は物的な資源を、教育の内容と効果的に組み合わせていくことが重要となる。学校の規模、設置している学部や対象とする障害種、教職員の状況、施設設備の状況などの人的又は物的な体制の実態は、学校によって異なっており、教育活動の質の向上を組織的かつ計画的に図っていくためには、これらの人的又は物的な体制の実態を適切に把握していくことが必要である。そのためには、特に、教師としての指導力や、教師集団としての組織力、児童生徒の学習課題に合わせた教材や教具及び教室環境の整備状況、地域の教育資源や学習環境などについて具体的に把握して、教育課程の編成に生かすことが必要である。

また、「地方教育行政の組織及び運営に関する法律」が改正（平成29年4月1日より施行）され、学校運営協議会の設置について、努力義務となったことなどの動向を踏まえておくことも重要である。学校運営協議会を導入した学校を「コミュニティ・スクール」と称している。「コミュニティ・スクール」は、学校と地域住民等が力を合わせて学校の運営に取り組むことが可能となる「地域とともにある学校」への転換を図るための仕組みとして位置付けられている。

特別支援学校において「社会に開かれた教育課程」を実現する際の仕組みとして「コミュニティ・スクール」の在り方を計画的に検討していくことも重要である。

ここまでは、小学校及び中学校学習指導要領における総則の規定と同様であるが、特別支援学校においては、「個別の指導計画の実施状況の評価と改善を、教育課程の評価と改善につなげていく」ことという4点目の側面がある。

特別支援学校では、個別の指導計画に基づく指導が行われており、児童生徒の学習状況や課題を明確にし、個別の指導計画に基づく実施状況の評価と改善を、教育課程の評価と改善につなげていくことのできる動的な取組が重要となる。詳細は、本章の3で述べる。

（3）新特別支援学校学習指導要領「総則」の構成と「カリキュラム・マネジメント」

新特別支援学校学習指導要領「総則」では、各学校における教育課程を編成する際に「カ

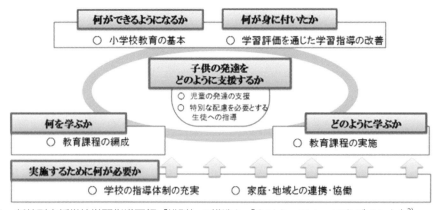

図1　新特別支援学校学習指導要領「総則」の構造と「カリキュラム・マネジメント」[3]

リキュラム・マネジメント」の諸側面を通して，その取組がさらに活性化され，充実が図られるように，構成の見直しがなされている。中央教育審議会答申に示されている「総則」のイメージは，図1のとおりである。

総則の構成は，各学校において教育課程の編成・実施・評価・改善の道筋を示している。

表1は新特別支援学校学習指導要領と現行の特別支援学校学習指導要領のそれぞれの章立ての構成について対比させて示したものである。

表1　新特別支援学習指導要領と現行との構成の比較

改訂（平成29年告示）	現行（平成21年告示・道徳改訂）
目次 前文 第1章　総則 　第1節　教育目標 　第2節　小学部及び中学部における教育の基本と教育課程の役割 　第3節　教育課程の編成 　第4節　教育課程の実施と学習評価 　第5節　児童又は生徒の調和的な発達の支援 　第6節　学校運営上の留意事項 　第7節　道徳教育に関する配慮事項 　第8節　重複障害者等の教育課程の取扱い	目次 第1章　総則 　第1節　教育目標 　第2節　教育課程の編成 　第1　一般方針 　第2　内容等の取扱いに関する共通的事項 　第3　授業時数等の取扱い 　第4　指導計画の作成等に当たって配慮すべき事項 　第5　重複障害者等の教育課程の取扱い

総則の構成に基づき，各学校においては，特色ある教育課程の編成，実施，管理，評価，改善がなされていくことが重要である。このマネジメントサイクルは，定式化したものがあるわけではないが，各学校の分掌組織や教職員の体制などの実態に応じて，教育課程編成の過程に，全ての教職員が関わることができる仕組みを構築していくことが教育課程の共有に当たって重要なことである。

また，各学校において在籍する児童生徒の実態を踏まえ，育成を目指す資質・能力を明確にするためには，個々の児童生徒の障害の状態やその特性，学習状況を踏まえて，教師側がどのように子供たちを捉えるのかが重要な視点となる。

第Ⅳ章では，新特別支援学校学習指導要領説明会配布資料を参考に，教育課程編成の考え方や手順の一例を示した。このような例を参考に，各学校での教育課程編成に向けた研究活動がより一層活性化されていくことを期待する。

2 知的障害教育における教育課程編成の工夫

本稿では，知的障害のある児童生徒のための各教科等の考え方や教科等横断的な視点について述べる。

（1） 知的障害について

知的障害とは「知的機能の発達に明らかな遅れと，適応行動の困難性を伴う状態が，発達期に起こるものをいう」[4]としている。

ここで，「知的機能の発達に明らかな遅れ」がある状態とは，認知や言語などに関わる精神機能のうち，情緒面とは区別される知的面に，同年齢の児童生徒と比較して平均的水準より有意な遅れが明らかな状態である。

また，「適応行動の困難性」とは，他人との意思の疎通，日常生活や社会生活，安全，仕事，余暇利用などについて，その年齢段階に標準的に要求されるまでには至っていないことであり，適応行動の習得や習熟に困難があるために，実際の生活において支障をきたしている状態である。

そして，「伴う状態」とは，「知的機能の発達の明らかな遅れ」と「適応行動の困難性」の両方が同時に存在する状態を意味している。

知的機能の発達の遅れの原因は，概括的に言えば，中枢神経系の機能障害であり，適応行動の困難性の背景は，周囲の要求水準の問題などの心理的，社会的，環境的要因等が関係している。

適応行動の面では，概念的スキル（言語発達や学習技能），社会的スキル（対人スキル，社会的行動），実用的スキルの困難性（日常生活習慣行動，ライフスキル，運動機能など）などの困難さが生じやすい。

最後の「発達期に起こる」とは，この障害の多くは，胎児期，出生時及び出生後の比較的早期に起こることを表している。発達期の規定の仕方は，必ずしも一定しないが，成長期（概ね18歳）までとすることが一般的である。

このような知的障害の状態及び適応行動の困難さ等を踏まえ，知的障害者である児童生徒に対する教育を行う特別支援学校の各教科等については，学校教育法施行規則第126条第2項（小学部），第127条第2項（中学部），及び第128条第2項（高等部）において，その種類を規定している（第Ⅳ章参照）。

そして，児童生徒が自立し社会参加するために必要な「知識及び技能」，「思考力，判断力，表現力等」，「学びに向かう力，人間性等」を身に付けることを重視し，新特別支援学校学習指導要領において，各教科等の目標と内容等を示している点について着目する必要がある。

（2） 知的障害のある児童生徒のための各教科等の改訂の要点

中央教育審議会答申に基づき，知的障害のある児童生徒のための各教科等は改訂されている。知的障害のある児童生徒のための各教科等の改訂の考え方等について，校内の先生方で共有することは，特別支援学校，小学校及び中学校の特別支援学級における教育課程編成には欠かすことはできない。そのため，ここでは，改訂の要点の一部について述べる。

① 育成を目指す資質・能力の明確化

今般の改訂では，育成を目指す資質・能力の三つの柱に基づき，各教科等の目標や内容

が構造的に示されている。現行との比較について，国語科を例に示す。

【現行特別支援学校学習指導要領　小学部〔国語〕目標】
1　目標
　日常生活に必要な国語を理解し，伝え合う力を養うとともに，それらを表現する能力と態度を育てる。

【新特別支援学校学習指導要領　小学部〔国語〕目標】
1　目標
　言葉による見方・考え方を働かせ，言語活動を通して，国語で理解し表現する資質・能力を次のとおり育成することを目指す。
(1)　日常生活に必要な国語について，その特質を理解し使うことができるようにする。
(2)　日常生活における人との関わりの中で伝え合う力を身に付け，思考力や想像力を養う。
(3)　言葉で伝え合うよさを感じるとともに，言語感覚を養い，国語を大切にしてその能力の向上を図る態度を養う。

図2　小学部〔国語〕の目標の例

　知的障害のある児童生徒のための各教科等について，小学校及び中学校等の各教科等の目標と同じく，(1)は「知識及び技能」，(2)は「思考力，判断力，表現力等」，(3)は「学びに向かう力，人間性等」の柱から構造的に示されている。

　図2における矢印は，現行特別支援学校学習指導要領における国語科の目標として示されている文節が，概ね，新特別支援学校学習指導要領の国語科の目標にどのように関連しているのかを示したものである。

　現行の目標では，「伝え合う力を養うとともに」「それらを表現する能力」となっており，「伝え合う力」及び「表現する能力」を結び付けるためには「思考すること」が前提となっている。新特別支援学校学習指導要領では，「思考力や想像力を養う」などのように，思考・判断に係る内容について明確に示されていることが改訂の大きな特徴であると言える。

　したがって，知的障害のある児童生徒の教育活動の場面では，児童生徒の思考力，判断力を伸長させることのできる学習場面を計画的に設けることのできるカリキュラム・マネジメントがより一層重要となる。

　次に，小学校国語科の目標と知的障害のある児童のための特別支援学校小学部国語科について比較することにより，関連性について述べる。

> **小学校国語科の目標における育成を目指す資質・能力**
> 「言葉による見方・考え方を働かせ，言語活動を通して，国語で正確に理解し適切に表現する資質・能力」
>
> **小学部国語科の目標における育成を目指す資質・能力**
> 「言葉による見方・考え方を働かせ，言語活動を通して，国語で理解し表現する資質・

能力」

　小学校の国語科「正確に理解し適切に表現する」について，表現する内容となる自分の考えなどを形成するためには，国語で表現された様々な事物，経験，思い，考え等を理解することが必要であることから，「正確に理解」，「適切に表現」として示されている。
　一方で，特別支援学校小学部の国語科の場合，児童の障害の程度や発達の状態等により，話し言葉を獲得することそのものが国語科の学習となることがある。このような場合においても，日常生活に密着した，関連のある話し言葉の意味や表す内容について気付き，理解したり，相手に伝えたい内容や事柄について言葉を使って表現したり，そのために必要な言葉の使い方を理解し使うといった資質・能力育むことを目標とし，「国語で理解し表現する」として示している。
　このように，知的障害のある児童生徒のための各教科等は，知的障害の状態や発達の段階等を踏まえて構成されている点に留意する必要がある。

②　各教科に係る見方・考え方について

　次に，波線箇所の「見方・考え方」という箇所についてである。見方・考え方とは，各教科等の特質に応じた物事を捉える視点や考え方であり，教科の本質的な事柄である。
　学んだことが子供たちの社会生活にどのように生かされていくのか，教科等と社会を結び付けるのが「教科等に係る見方・考え方」である。なぜ算数を学ぶのか，なぜ国語を学ぶのか，見方・考え方は，教科等の目標・内容を読み解く上で重要なキーワードとなっている。
　例えば，算数・数学科で取り扱う「長さ」に関連して，動物が大好きな子供が，5メートルあるキリンの背の高さが，学校でいうところの3階の教室と同じ高さであることに気が付くことなどは，「メートル」という単位で数量的な比較をするという数学的な見方・考え方を働かせている場面である。
　児童が，その気付きについて，「キリンの背の高さは，3階の教室くらいまであるんだよ」というように，言語化して表現する際には，言葉による見方・考え方を働かせていたり，またその驚きからキリンを絵にして描く際には，造形的な見方・考え方を働かせたりすることになろう。
　ここで重要なことは，教科等に係る見方・考え方を児童生徒は意識して働かせていない点である。したがって指導計画を作成する際には，児童生徒が教科等の特質に係る見方・考え方を生かしたり，働かせたりすることのできる学習場面を単元の中で計画的に位置付けることができるようにする必要がある。
　教科等に係る見方・考え方を生かしたり，働かせたりすることにより，「知識及び技能」，「思考，判断，表現等」，「学びに向かう力，人間性等」の資質・能力がさらに伸長されていくことになる。
　前述の例では，数学的な見方・考え方を働かせることにより，例えば子供たちの生活経

験の中で実物を見ることが難しい,哺乳類最大と言われる30メートル近くあるシロナガスクジラの大きさを,「学校の25メールのプールの長さより大きいんだ」などと気付き,子供たちの実体験を発展させていくことができる。このことは,子供たちの生活をより豊かにしていくことにつながるものである。

(3) 教科等横断的な視点に立った資質・能力の育成と「カリキュラム・マネジメント」

各学校において,教科等横断的な視点に立って育成する資質・能力として次のことについて規定されており,教育課程編成において留意しておく必要がある。

① 学習の基盤となる資質・能力

1点目は,学習の基盤となる資質・能力であり,「ア 言語能力」,「イ 情報活用能力(情報モラルを含む)」,「ウ 問題発見・解決能力」等である。

これらの資質・能力を,児童生徒の障害の状態や特性及び心身の発達の段階等を考慮し,各教科等の役割を明確にしながら,教科等横断的な視点で育んでいけるよう,教育課程を編成していくことが求められている(新特別支援学校学習指導要領第1章第3節の2の(1))。

ア 言語能力

言葉は,児童生徒の学習活動を支える重要な役割を果たし,全ての教科等における資質・能力の育成や学習の基盤となる。

今回の改訂では,人間が認識した情報を基に思考し,思考したものを表現していく過程に関する分析を踏まえ,創造的・論理的思考の側面,感性・情緒の側面,他者とのコミュニケーションの側面から言語能力とは何かを整理し,国語科の目標や内容の見直しが図られている。

イ 情報活用能力

情報活用能力は,世の中の様々な事象を情報とその結び付きとして捉え,情報及び情報技術を適切かつ効果的に活用して,問題を発見・解決したり自分の考えを形成したりしていくために必要な資質・能力である。

情報活用能力を育成するためには,各学校において日常的に情報技術を活用できる環境を整え,全ての教科等においてそれぞれの特質に応じ,情報技術を適切に活用した学習活動の充実を図ることが必要である。

ウ 問題発見・解決能力

各教科等のそれぞれの分野における問題の発見・解決に必要な力を身に付けられるようにすることが必要である。

各教科等の学習において,物事の中から問題を見いだし,その問題を定義し解決の方向性を決定し,解決方法を探して計画を立て,結果を予測しながら実行し,振り返って次の問題発見・解決につなげていく過程を重視した指導計画が求められている。

また,総合的な学習の時間における横断的・総合的な探究課題や,特別活動における集団や自己の生活上の課題に取り組むことなどを通じて,各教科等で身に付けた力を統合的に活用できるようにすることが重要となる。

② 現代的な諸課題に対応して求められる資質・能力

2点目は，現代的な諸課題に対応して求められる資質・能力であり，豊かな人生の実現や災害等を乗り越えて次代の社会を形成することに対応して求められる資質・能力である（新特別支援学校学習指導要領第1章第3節の2の(2)）。

現代的な諸課題に対応して求められる資質・能力として，中央教育審議会答申[5]では，
- 健康・安全・食に関する力
- 主権者として求められる力
- 新たな価値を生み出す豊かな創造性
- グローバル化の中で多様性を尊重するとともに，現在まで受け継がれてきた我が国固有の領土や歴史について理解し，伝統や文化を尊重しつつ，多様な他者と協働しながら目標に向かって挑戦する力
- 地域や社会における産業の役割を理解し地域創生等に生かす力
- 自然環境や資源の有限性等の中で持続可能な社会をつくる力
- 豊かなスポーツライフを実現する力

などが指摘されている。

①と②に挙げられた資質・能力の育成以外にも，各学校においては，児童生徒や学校，地域の実態並びに児童生徒の障害の状態や特性及び心身の発達の段階等を考慮して，学習の基盤づくりに向けて課題となる資質・能力は何かを明確にし，「カリキュラム・マネジメント」の中でその育成が図られるように努めていくことが求められる。

③ 教科等横断的な視点からの年間指導計画の作成

ア　教育課程編成と年間指導計画

今回の改訂では，各教科等における育成を目指す資質・能力を明確にすることから，「知識及び技能」，「思考力，判断力，表現力等」，「学びに向かう力，人間性等」の三つの柱に沿って整理し，教科等の目標と内容を示している。このことを踏まえ，学校教育全体及び各教科等の指導を通じてどのような資質・能力の育成を目指すのか明確にしながら，児童生徒や学校，地域の実態を的確に把握し，具体性のある教育目標を設定していくことが重要である。

その上で，教育課程編成では，学校の教育目標の実現を目指し，各教科等の教育の内容を選択，組織し，それに必要な授業時数を定めていくことになる。

授業時数は，指導内容との関連において，各教科等の年間授業時数が定められる。その際に留意すべき点として，単元や題材等のまとまりのある時数の累積が年間の総授業時数になるということである。

図3は，各教科等の年間授業時数の

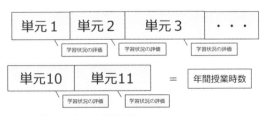

図3　単元と年間授業時数

考え方の例を示したものである。

　年間指導画作成の段階で計画されていた単元計画に基づき，単元の目標にどの程度達成できているのか，見定める役割を果たすのが，学習評価である。単元の目標を達成するためには，もう少し同じ単元に時間をかければ達成できる内容なのか，逆に一つの単元に時間をかけ過ぎていないかなど，児童生徒の学習状況から随時，授業時数を見直し，修正等をかけていく動的な取組が重要である。

　そして，今年度の実績を根拠として，次年度の教育課程編成に必要な年間授業時数を算出できるようにする組織的な取組が必要である。

　　イ　全教科等の年間指導計画を俯瞰する視点

　各教科等の年間指導計画において，各教科等で取り扱われる単元や内容がどのように位置付いているのか，担当教科だけでなく，全ての教職員が共有しておくことが必要であり，そのための工夫や仕組みが大切である。

　本書の第Ⅲ章4の実践事例（126ページ参照）では，各教科等別に月ごとの単元名を付箋に記し一覧にして，教師間で共有している。単元によっては，年度当初計画していた単元の実施時期を変更する場合もあることや，前述のように，単元の学習状況により授業時数の増減も想定される。そのため，変更があった場合には，修正できるように付箋を活用する工夫がなされている。

　このように学校の教育課程として編成される全ての教科等において，いつ，どこで，誰が，何を教えるのか，教育課程全体を俯瞰できる視点を教員間で共有することが重要である。そして，学校では，教員間で共有できる仕組みを，本事例のように工夫していくことが必要である。

　④　**教科等横断的な指導計画**[6]

　各教科等における単元計画が，他の教科等とどのように関連しているのか，教科等横断的な視点で，指導計画を立てることが必要である。

　図4は，中学部2学年を対象とした4月当初のスタート・カリキュラムを想定し，各教科等における単元の指導内容の関連について例示したものである。図の中で，単元間を結ぶ矢印の太さは，関連性の度合いを視覚化してみたものである。

　同じく，図5は，中学部における主権者教育の取組について，教科等横断的な視点からの各教科等の関連を示したものである。

　知的障害のある児童生徒に対する教育課程では，教科別の指導や各教科等を合わせた指導の形態を工夫して，教育課程を編成することができる。各教科等を合わせた指導を行う際には，各教科等で育成を目指す資質・能力を明らかにしながら，各教科等との関連を整理しておく必要がある。

　また，総合的な学習の時間において，各教科等で身に付けた資質・能力を生かし，探究的な学習活動を充実させる際にも図に示した関連の捉え方を参考としてほしい。

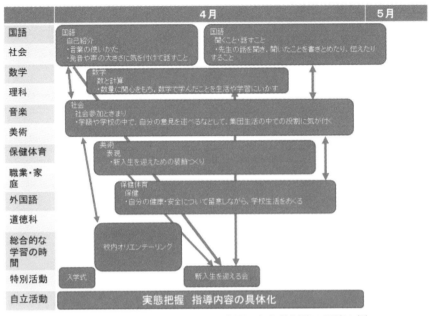

図4 年度当初のスタート・カリキュラムを意図した各教科等の関連の例

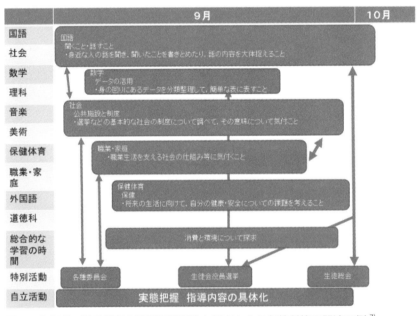

図5 主権者に係る教育の教科等横断的な視点からの各教科等の関連の例[7]

(4) 教育課程編成と指導の形態

　知的障害特別支援学校では，教科別の指導や各教科等を合わせた指導など，指導の形態として，様々な工夫がなされた指導計画の下，教育活動が展開される特徴がある。ここでは，新特別支援学校学習指導要領説明会配布資料に基づき，その際の留意点について整理する。

① 教科別に指導を行う場合

　指導を行う教科やその授業時数の定め方は，対象となる児童生徒の実態によっても異なる。したがって，教科別の指導を計画するに当たっては，教科別の指導で扱う内容について，一人一人の児童生徒の実態に合わせて，個別的に選択・組織しなければならないことが多い。その場合，一人一人の児童生徒の興味や関心，生活年齢，学習状況や経験等を十分に考慮することが大切である。

　また，指導に当たっては，知的障害のある児童生徒のための各教科の目標及び段階の目標（高等部については今後改訂予定）を踏まえ，児童生徒に対しどのような資質・能力の育成を目指すのかを明確にしながら，指導計画を工夫する必要がある。その際，生活に即した活動を十分に取り入れつつ学んでいることの目的や意義が理解できるよう段階的に指導する必要がある。

② 道徳科，外国語活動，特別活動，自立活動の時間を設けて指導を行う場合

　道徳科，外国語活動，特別活動，自立活動の時間を設けて指導を行う際には，それぞれの目標や内容を踏まえながら，個々の児童生徒の興味や関心，生活に結び付いた具体的な題材を設定し，実際的な活動を取り入れることなどに留意する必要がある。また，中学部では総合的な学習の時間を設けて指導を行うこととなる。

③ 各教科等を合わせて指導を行う場合

　各教科等を合わせて指導を行う場合とは，各教科，道徳科，特別活動，自立活動及び小学部においては外国語活動の一部又は全部を合わせて指導を行うことを言う。各教科等を合わせて指導を行う際には，各教科等で育成を目指す資質・能力を明確にした上で，効果的に実施していくことができるように「カリキュラム・マネジメント」の視点に基づいて計画，実施，管理，評価，改善していくことが必要である。

　各学校において，各教科等を合わせて指導を行う際は，次に示す事項以下の説明を参考とすることが有効である。また，各教科等を合わせて指導を行う場合においても，各教科等の目標を達成していくことになり，育成を目指す資質・能力を明確にして指導計画を立てることが重要となる。

　ア　日常生活の指導

　日常生活の指導は，児童生徒の日常生活が充実し，高まるように日常生活の諸活動について，知的障害の状態，生活年齢，学習状況や経験等を踏まえながら計画的に指導するものである。

　日常生活の指導は，生活科を中心として，特別活動の〔学級活動〕など広範囲に，各教科等の内容が扱われる。それらは，例えば，衣服の着脱，洗面，手洗い，排泄，食事，清潔など基本的生活習慣の内容や，あいさつ，言葉遣い，礼儀作法，時間を守ること，きまりを守ることなどの日常生活や社会生活において，習慣的に繰り返される，必要で基本的な内容である。

イ　遊びの指導

　遊びの指導は，主に小学部段階において，遊びを学習活動の中心に据えて取り組み，身体活動を活発にし，仲間との関わりを促し，意欲的な活動を育み，心身の発達を促していくものである。

　遊びの指導では，生活科の内容をはじめ，体育科など各教科等に関わる広範囲の内容が扱われ，場や遊具等が限定されることなく，児童が比較的自由に取り組むものから，期間や時間設定，題材や集団構成などに一定の条件を設定し活動するといった比較的制約性が高い遊びまで連続的に設定される。また，遊びの指導の成果を各教科別の指導につながるようにすることや，諸活動に向き合う意欲，学習面，生活面の基盤となるような能力を育成することができるよう，計画的な指導を行うことが大切である。

ウ　生活単元学習

　生活単元学習は，児童生徒が生活上の目標を達成したり，課題を解決したりするために，一連の活動を組織的・体系的に経験することによって，自立や社会参加のために必要な事柄を実際的・総合的に学習するものである。

　生活単元学習では，広範囲に各教科等の目標や内容が扱われる。

　生活単元学習の指導では，児童生徒の学習活動は，実際の生活で取り上げられる目標や課題に沿って組織されることが大切である。また，小学部において，児童の知的障害の状態等に応じ，遊びを取り入れたり，作業的な内容を取り入れたりして，生活単元学習を展開している学校がある。どちらの場合でも，個々の児童生徒の自立と社会参加を視野に入れ，個別の指導計画に基づき，計画・実施することが大切である。

エ　作業学習

　作業学習は，作業活動を学習活動の中心にしながら，児童生徒の働く意欲を培い，将来の職業生活や社会自立に必要な事柄を総合的に学習するものである。

　とりわけ，作業学習の成果を直接，児童生徒の将来の進路等に直結させることよりも，児童生徒の働く意欲を培いながら，将来の職業生活や社会自立に向けて基盤となる資質・能力を育むことができるようにしていくことが重要である。

　作業学習の指導は，中学部では職業・家庭科の目標及び内容が中心となるほか，高等部では職業科，家庭科及び情報科の目標及び内容や，主として専門学科において開設される各教科の目標及び内容を中心とした学習へとつながるものである。なお，小学部の段階では，生活科の目標及び内容を中心として作業学習を行うことも考えられるが，児童の生活年齢や発達の段階等を踏まえれば，学習に意欲的に取り組むことや，集団への参加が円滑にできるようにしていくことが重要となることから，生活単元学習の中で，道具の準備や後片付け，必要な道具の使い方など，作業学習につながる基礎的な内容を含みながら単元を構成することが効果的である。

3 教育課程編成と個別の指導計画

　個別の指導計画は，児童生徒の実態を把握した上で作成され，その個別の指導計画に基づいて各教科等の指導が行われるが，児童生徒にとって適切な計画であるかどうかは，実際の指導を通して明らかにしていくことが大切であり，学習状況や結果を適宜，適切に評価し，教育課程に反映させることが重要である。

　個々の児童生徒の学習状況等の評価の結果，個別の指導計画で設定した指導目標を達成できていなかった場合，個々の児童生徒の実態から見て，設定した指導目標が高過ぎたり，指導目標が適切であったが，その指導目標を達成するための指導内容や指導方法が適切でなかったりなどの場合が考えられる。また，指導目標，指導内容，指導方法に一貫性がないなどの場合も考えられよう。これらのように課題が明らかになれば，その課題の背景や要因を踏まえて，改善を図る必要がある。

　評価と改善の時期としては，授業ごとに行う場合もあれば，週，月，学期などの期間を設定して行う場合も考えられる。

　このように個別の指導計画に基づいて児童生徒に何が身に付いたかという学習の成果を的確に捉え，個別の指導計画の実施状況の評価と改善を，教育課程の評価と改善につなげていくよう工夫することが大切になってくる。

　例えば，学校としてすでに十分な実践経験が蓄積され，毎年実施する価値のある単元計画が存在する場合でも，改めて目の前の児童生徒の個別の指導計画の実施状況の評価を踏まえ，学習集団を構成する児童生徒一人一人が達成した指導目標や指導内容等を集約し，学習集団に対して作成される年間指導計画等の単元や題材など内容や時間のまとまりなどについて検討する仕組みを工夫することが大切になってくる（新特別支援学校学習指導要領第1章総則第3節の3の(3)のアの(ア)）。

　図6は，教育課程と個別の指導計画の関係をイメージとして表したものである。

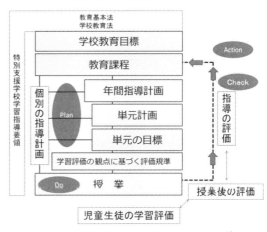

図6　教育課程と個別の指導計画の関係の例[8]

4 全教職員で共有するカリキュラム・マネジメントの視点

　各学校においては，「教育課程の編成・実施・管理・評価・改善」という一連のサイクルは，教務部を中心とする分掌に係る教師が中心に検討していくものという意識が強いの

ではないだろうか。特に特別支援学校に関して言えば，幼稚部や小学部から高等部までの複数の学部が設置してあることから，教職員数は，100名を超える学校も珍しくない。

学校の教育活動の根拠は，教育課程であることを踏まえれば，教育活動に関わる全ての教職員の方々が教育課程を共有しておく必要がある。

そのために，各学校では，教育課程を共有できる「仕組み」づくりを学校経営の中心に据えていく必要があろう。新特別支援学校学習指導要領の理念である「社会に開かれた教育課程」の実現に向けて，各学校で，まず，何をすべきなのか，具体的な項目を列記してみるのもよいと考える（第Ⅳ章第2節「カリキュラム・マネジメントツール」参照）。表2は，考えられる項目例を列記したものである。

学級担任，学年や学部主任，主幹教諭，そして管理職の先生方など，それぞれの役割や職責に応じたマネジメントが重要になる。このような項目を学校の中で，具体化していく過程の中で，教育課程のことが共有され，教育課程編成を核にしたマネジメントが実現できると考えている。

表2　社会に開かれた教育課程に向けてのチェックリストの例

□　学校の教育課程について，教職員間で共有している
□　学校は，教育課程（年間行事ことだけでなく）のことについて保護者等に説明している
□　年間指導計画等の指導計画が保護者とも共有され理解されている
□　学級担任は，保護者等に対して教育課程のことについて説明できる
□　保護者は，授業がいつでも参観できるようになっている
□　教室内の授業の様子は，廊下からみられるようになっている
□　教師からの児童生徒への言葉掛けは，児童生徒の生活年齢に適したものである
□　教師は，社会の見本となるふるまい，言動，装いをしている
□　児童生徒の作品が校内・外に展示されている
□　地域の方が学校にくることができる機会を設けている
□　地域の様々な資源を活用した授業が展開されている
□　社会に発信できる授業が展開されている
□　学校の教育成果を発信している　　など

5 まとめに代えて

教育課程に基づき組織的かつ計画的に各学校の教育活動の質の向上を図っていく「カリキュラム・マネジメント」により，様々な学校教育に対する期待に応えていくことが求められている。ここでは，特別支援学校において，より一層充実させていきたい事項について，3点述べる。

(1) ESD の視点

平成28年8月に「全国特別支援学校ESDフォーラム」（主催：ESDコンソーシアム愛知／主管：愛知県内特別支援学校ユネスコスクール）が開催された。国内では，ユネス

コスクールに指定されている学校がESD推進の拠点校となっている。平成28年8月現在，ユネスコスクールに指定されている全校（9校）の特別支援学校が一堂に会し，環境学習，国際理解学習，交流及び共同学習などの取組について実践発表・協議がなされた。

　ESDとは，「持続可能な開発のための教育」と訳されており，今般の新学習指導要領においては，その前文に，子供たちが持続可能な社会の創り手となるように教育していくことなどが明記されている。

　実践発表では，河川敷での清掃の取組，学校版環境ISOに基づく取組，海外の学校との書道や絵画などの作品交流，学校地域に暮らす海外の方を招き文化の違いなどについて意見交換をする取組など，多様な学習活動が発表された。

　また，特別支援学校としてESDの視点から計画的な取組を推進するための校内分掌の新設や，教科間で取り扱う学習内容を構造的にまとめたESDカレンダーの例なども報告された。これらの実践発表は，新たにESDを推進しようとする学校のみならず，全ての学校にとって，示唆に富む内容であった。

　各校の発表を通して感じたことは，環境や国際理解などの地球規模の大きなテーマについて，生活経験や実体験を結び付けることにより，児童生徒自身が身近なものとして捉え，疑問をもてるように工夫している点やそれらの気付きなどを，具体的に実行していこうとする力を育んでいる点である。この原動力は，児童生徒の主体性や学習に取り組む意欲が基盤になる。

　今後の実践の展開として，学習活動そのものについて，児童生徒自らがアイディアを出し合い，企画し，実行できるようにしていくことなど，主体的な取組を基軸にした指導計画なども期待したい。そして，学習活動を通して，児童生徒がどのように変容し，成長したのかなどについて，その学びを個別の指導計画に基づき見定めていくことも重要である。

　現在，ESD推進拠点校であるユネスコスクールは，小・中学校，高等学校等では，900校近くが指定されている。特別支援学校においても，ESDの視点から教育活動が深化され，社会とのつながりを，より強固なものとしていけるよう，各校でのカリキュラム・マネジメントを創意工夫していきたい。

（2）　キャリア発達の視点

　新特別支援学校学習指導要領の総則において，「（略）特別活動を要としつつ各教科等の特質に応じて，キャリア教育の充実を図ること」（第1章総則第5節の1の(3)）が規定された。キャリア教育とは，「一人一人の社会的・職業的自立に向け，必要な基盤となる能力や態度を育てることを通して，キャリア発達を促す教育」[9]である。

　特別支援学校では，児童生徒の「キャリア発達」を支援していくというキャリア教育本来の考え方が浸透してきている。キャリア教育が，就業体験等の体験的な学習に限定されることなく，日常的な授業の中で，「キャリア発達」を促す取組が授業構成の中に組み込まれ，組織的に展開されてきているのが最近の特徴である。「キャリア発達を促す授業」とは，自らの学習活動の過程や成果の振り返りをする中で，自分なりの活動への意味付け，

価値付けをしていくことができる授業である。

　各地域で学校や地域の実態に即しながら，児童生徒の励みとなるように創意工夫されて，広がりを見せている技能検定等の例で言えば，生徒が，検定合格などの目標を掲げ，努力していく過程において，「キャリア発達」を促すという視点を授業に組み込むことにより，教育活動に質的な深みが出てくる。技能検定を目前に控えた授業の中で生徒は，技能検定突破のための知識や技能等の獲得に夢中になる。技能検定を突破した先には何があるのか，また残念ながら思うように合格できなかった場合には，どうしたらよいのかなど，生徒が自らの取組を振り返り考え，自分なりの意味付けをできるようにしていくことが，キャリア発達の視点から大切である。その際に，個々の児童生徒の理解の程度や実態等に応じて，生徒の思考，判断，表現の側面にもアプローチできるよう，様々な振り返りの仕方などが緻密に工夫されていく必要がある。

　「キャリア発達を促す」授業づくりは，教え込む授業から，児童生徒の自らの学習意欲を基盤とし，主体的に学ぶ授業への転換になると考えられる。

　児童生徒が何を学ぶことができたのか，先生方が確実に見定めながら，学習したことへの意味付け・価値付けが促される授業が実施されるように，カリキュラム・マネジメントを充実させていきたい。

（3）　教科等に係る見方・考え方を働かせることのできる学習場面の設定

　ところで，授業は，単元計画に基づき，様々な学習活動が組み合わされ展開される。学習活動を通して，学習内容を学ぶ意味について，自ら気付き，新たな課題を見出して，より深く理解できるようにしていくことが重要となる。

　そのためには，学習内容の本質的な意味を児童生徒が自ら思考し，判断する「学習場面や学習状況」を学習活動の中に計画的に設けていくことが特に大切になる。

　さらに，児童生徒が考えたことは，児童生徒から，様々な形で「表現」されることによって，「考えたこと」について教師をはじめとする他者に共有されることになる。

　一方で，知的障害のある児童生徒の場合には，言葉による理解や表現が難しいことが多い。しかしながら，言葉による理解や表現だけでなく，生活に即した学習の流れや周囲の状況を通して，文脈を理解し，行動として表れていることが多い。

　これらのことを踏まえて，例えば，小学部の生活科における内容，「思考力，判断力，表現力等」の示し方の語尾は，「日常生活に役立てようとすること」「見通しをもって行動しようとすること」「簡単な役割を果たそうとすること」「それらを表現すること」などのように様々な「表現」の仕方を想定した内容となっている。

　知的障害のある児童生徒のための各教科等の内容を相互に関連させて，教科等横断的に指導計画を創意工夫していく「カリキュラム・マネジメント」の視点から，教科別の指導，各教科等を合わせた指導の形態など，学習者にとって効果的な教育課程編成を創意工夫していくことが重要になる。

　我が国の将来を担う子供たちが，夢をかなえられるように，自信をもち，自ら考えて，

判断していける資質・能力を育成していくための学びの地図となるように，新特別支援学校学習指導要領を共有していただきたい。

〔引用文献〕
1）中央教育審議会「初等中等教育における当面の教育課程及び指導の充実・改善方策について（答申）」平成15年
2）中央教育審議会「幼稚園，小学校，中学校，高等学校及び特別支援学校の学習指導要領等の改善について（答申）」平成20年
3）中央教育審議会「幼稚園，小学校，中学校，高等学校及び特別支援学校の学習指導要領等改善及び必要な方策等について（答申）」平成28年12月21日，補足資料から
4）文部科学省「教育支援資料〜障害のある子供の就学手続と早期からの一貫した支援の充実〜」平成25年10月，文部科学省初等中等教育局特別支援教育課
5）前掲，中央教育審議会，平成28年12月21日
6）丹野哲也「教科等横断的な視点に立った資質・能力の育成とカリキュラム・マネジメント」，『季刊特別支援教育』68号，平成29年12月，P.26〜29
7）丹野哲也「主権者として求められる資質・能力を育む教育の充実」，『中等教育資料』981号，平成30年2月，P.90〜94
8）国立特別支援教育総合研究所「育成を目指す資質・能力をはぐくむための知的障害教育における学習評価の実践ガイド」平成28年9月16日，P.7〜11
9）中央教育審議会「今後の学校におけるキャリア発達・職業教育の在り方について（答申）」平成23年1月31日

〈丹野 哲也〉

カリキュラム・マネジメントを促進するために

第II章
知的障害教育における
カリキュラム・マネジメント

1 知的障害教育におけるカリキュラム・マネジメントの独自性

（1）カリキュラム・マネジメントの位置付け

　平成29年4月28日に公示された特別支援学校小学部・中学部学習指導要領では，カリキュラム・マネジメントについて，「児童又は生徒や学校，地域の実態を適切に把握し，教育の目的や目標の実現に必要な教育の内容等を教科等横断的な視点で組み立てていくこと，教育課程の実施状況を評価してその改善を図っていくこと，教育課程の実施に必要な人的又は物的な体制を確保するとともにその改善を図っていくことなどを通して，教育課程に基づき組織的かつ計画的に各学校の教育活動の質の向上を図っていくこと」と説明されている。これは，小学校，中学校にも共通する視点であり，これまでもカリキュラム・マネジメントの文言を用いた議論や審議報告，同様の趣旨の説明をカリキュラム・マネジメントという文言を用いずに学習指導要領上，行われることがあったが，このたびの学習指導要領の改訂により，総則の中に初めて位置付けられるとともに，学校教育を進めていく上で重視されるポイントの一つに位置付いている。

　一方で，特別支援教育を推進する立場，とりわけ，知的障害教育を推進する立場からは，独自の視点や先見性をもってカリキュラム・マネジメントを進めてきたことについても言及する必要を感じる。この教育の奥深さや児童生徒一人一人と真正面から向き合う教育の原点とも言うべき営みの中に，今の学校現場が抱える様々な課題や困難を打開する叡智が散りばめられているのではないだろうか。

（2）特別支援教育や知的障害教育に独自の視点

　現在，特別支援教育や知的障害教育を進めていく中で，特徴的な取組や固有の状況と考えられるものについて，以下に代表的なものを挙げてみたい。

　A　知的障害のある児童生徒を対象とする特別支援学校の教育課程の枠組みには，通常の教育課程とは別に「知的障害者である児童又は生徒に対する教育を行う特別支援学校の各教科」が設定されていること（学校教育法施行規則126条，127条，128条の各第2項）。

　B　特別の指導領域である自立活動を教育課程の柱として位置付けていること。

　C　学校教育法施行規則第130条第1項に規定されているように，特別支援学校においては，特に必要がある場合は，各教科や各教科に属する科目の全部又は一部について，合わせて授業を行うことができること。

　D　学校教育法施行規則第130条第2項に規定されているように，特別支援学校において知的障害のある児童生徒又は複数の障害を併せ有する児童生徒を教育する場合，特に必要があるときは，各教科，道徳，外国語活動，特別活動及び自立活動の全部又は一部について，合わせて授業を行うことができること。

　E　個別の教育支援計画や個別の指導計画の作成及び活用を行っていること。

　F　「知的障害者である児童又は生徒に対する教育を行う特別支援学校の各教科」の内

容は，発達期における知的機能の障害が，同一学年であっても，個人差が大きく，学力や学習状況も異なることから段階を設けて示されていること。
G 「知的障害者である児童又は生徒に対する教育を行う特別支援学校の各教科」の指導に当たっては，各教科の段階に示す内容を基に，児童又は生徒の知的障害の状態や経験等に応じて，具体的に指導内容を設定する必要があること。
H 特別支援学校の多くは，複数の学部や学科等を有している状況にあり，学部や学科等を超えたカリキュラム・マネジメントを行っていること。

以上は，各種の法令・学習指導要領等に定められている規定や説明であり，A～Dは知的障害教育の実践と特に深く関わる事項である。

とりわけ，知的障害のある児童生徒の指導に当たっては，多種多様な教育課程編成上の工夫や配慮を実施できる状況となっており，カリキュラム・マネジメントを実施する際に，複雑に関連し合うことが容易に推測できる。

これまで，障害のある児童生徒一人一人の教育的ニーズと真摯に向き合い，人格の形成や自立と社会参加に向けて，繊細かつ柔軟な取組を積み重ねてきた特別支援教育や知的障害教育ならではの具体的方法論として，効果的に運用していきたいところである。

2 カリキュラム・マネジメントを促進させる八つの要因

(1) 国立特別支援教育総合研究所知的障害教育班の研究成果

国立特別支援教育総合研究所知的障害教育班では，平成28年度に全国特別支援学校知的障害教育校長会との共同によりカリキュラム・マネジメントに関するアンケート調査を実施した。この中で，「学校教育目標→教育内容（何を学ぶか）→指導方法（どのように学ぶか）→学習評価の一体的なつながりをもたせるために，学校として特に工夫している点があれば箇条書きで簡潔にお答えください」という質問項目を設定し，自由記述により回答を求めた。

具体的な回答として，図に示すような工夫を行っていることが明らかとなった（図1「平成28年度全国特別支援学校知的障害教育校長会都道府県合同研究協議会・第2回代表者研究協議会資料」より引用）。

これらの回答の傾向として，一定の共通要因が認められたため，可能な限り恣

【Q11】
学校教育目標→教育内容（何を学ぶか）→指導方法（どのように学ぶか）→学習評価の一体的なつながりをもたせるために，学校として特に工夫している点

自由記述による回答を求めたところ，351件の回答が寄せられ，記述内容のまとまりにより583のセンテンスに分類された。
➢ 「学校経営の理念・ビジョンの明示」
➢ 「全体計画・年間指導計画等の作成や書式の工夫」
➢ 「教育課程構造図などの作成による視覚化」
➢ 「シラバスや指導内容表の作成」
➢ 「教育課程検討委員会の設置」
➢ 「教育課程改善をテーマとした研究の実施」
➢ 「単元計画レベルでの関連項目の記述や書式の工夫」
➢ 「授業改善を中心とした授業研究会の開催」
➢ 「学習指導案の工夫」
➢ 「個別の指導計画の充実や学習評価・通知表との連動」
➢ 「教育課程の編成・実施に関する研修会の実施」
上記以外を含めて様々な工夫がみられた。

図1 自由記述による回答結果

意性を排除して要因を抽出するために計量テキスト分析を実施した。計量テキスト分析とは，自由記述に含まれる単語の出現回数や文章における単語と単語の出現関係等の分析により，文章を定量的かつ定性的に分析する手法である。

特に，共起関係の分析や共起ネットワーク（図2）の解釈から八つの要因を抽出することができた。各要因の名称については，「1）ビジョン（コンセプト）作り，2）スケジュール作り，3）場作り，4）体制（組織）作り，5）関係作り，6）コンテンツ作り，7）ルール作り，8）プログラム作り」とした。

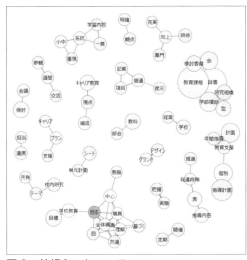

図2　共起ネットワーク

（2）八つの要因の解説

ここで，それぞれの要因が，どのような機能や事項を示しているものと整理したかについて説明したい。なお，ここでの説明は，実際のアンケートの回答に基づくものに加えて，読者の理解を促すために新たなアイディアや視点を交えて説明することとする。

「1）ビジョン（コンセプト）作り」とは，どのような目的のもとに，どのような意図や方針をもって取組や検討等を行うのかを明確にすることである。

例えば，特別支援学校においては，「社会に開かれた教育課程」をどのような考えに基づいて編成するのか，その指針を示したり，学校経営計画の中に学校が果たすべき具体的役割を設定したりすることなどが考えられる。小・中学校においては，特別支援教育推進ビジョンを示すことなども考えられる。

「2）スケジュール作り」とは，「いつ」の時期（日程やタイミング等）に取組や検討等を行うのかを明確にすることである。

例えば，特別支援学校においては，授業参観日をいつ・どのタイミングで設定するのか検討したり，公開研究会をどの時期に開催するかを検討したりすることが考えられる。小・中学校においては，近隣の特別支援学校との交流及び共同学習をいつ設定するのかや，障害理解に関わる学習を年間計画の中で，どの時期に組み込むかを検討するなどといったことである。

「3）場作り」とは，「どこで」に関わる，取組や検討等を行う「場」を明確にすることである。

例えば，特別支援学校においては，小学部・中学部・高等部の3学部に跨る共通の課題を検討したり，解決するために話し合ったりする場が必要となる。そのために「学部連絡会議」という場を設けることなどが考えられる。また，小・中学校においては，障害のあ

る児童生徒の合理的配慮の内容について，十分な学びを保障するために有効に機能していたかの評価を行う場を位置付けることなどが考えられる。

　「4）体制（組織）作り」とは，「誰が」に関わって，取組や検討等を行う参加者や参加組織を明確にすることである。

　例えば，特別支援学校において，小学部・中学部・高等部の3学部に跨る共通の課題を検討するために「学部連絡会議」という場を設定したとしても，そこに誰が関与するかは意図的に組織していく必要がある。各学校に同じような「場」があっても，それぞれの学校が抱える課題等の状況により，ある学校では学部を統括する立場の教員と各学部の教務担当者だけが参加することもあれば，別の学校では，それらの教員に加えて各学部の生徒指導主任や学年主任が加わるといったことなども考えられる。また，小・中学校においても特別支援教育に関する校内委員会を組織する際，その校内委員会への参加者はそれぞれの関係者が果たしている役割や立場に応じて様々に考えられる。特別支援教育コーディネーターをはじめ，生徒指導主任や進路指導主事等，「誰」が参加し，組織を構成するのかといったことを学校の実情に応じて明確にすることが必要になる。

　「5）関係作り」とは，「誰と」や「人と人」「組織と組織」「事項と事項」等の関係の在り方に関することである。

　例えば，特別支援学校においては，障害による学習上又は生活上の困難を改善・克服するための指導や支援を行うに当たり，理学療法士や作業療法士，言語聴覚士等をはじめ，医療分野に関する専門的な知識を有する専門家との「相互連携」の関係づくりが重要である。また，児童生徒や保護者との間には確かな「信頼関係」が必要である。小・中学校においても同様のことは言えるが，これ以外にも教職員組織の中で支援を必要とする児童生徒の学習指導の在り方等について「共通理解」が図られたり，効果的な指導方法を検討するために「建設的相互批判」を行ったりする関係，外部の専門家チームと気軽に相談や情報交換のできる関係をつくることなどが挙げられる。

　また，小学部・中学部・高等部のそれぞれの育てたい子供像が，どのような関係になっているのか「系統性」，「発展性」などの視点で捉えながら関係性を整理することや，単元と単元のつながりについて計画間の「関連性」を整理すること，ある教科等で身に付いた資質・能力を別の教科等でも発揮できるように「教科等横断的関連性」をもたせて指導計画を立案することなどもこの関係づくりの要因として理解する必要がある。

　「6）コンテンツ作り」とは「結果としてつくり出される内容物」等に関することである。

　例えば，特別支援学校においては，各学部でどのような資質・能力を身に付けたいのかを「キャリア発達段階・内容表」にまとめて明らかにしたり，知的障害の特性に応じた「学習環境作りや教科等別の配慮の具体一覧表」を整理したりすることが考えられる。また，小・中学校においても通常の学級で学ぶ児童生徒一人一人の分かり方の違いに配慮した指導や支援のノウハウを「授業のユニバーサルデザインの視点」としてまとめて整理することや，障害のある児童生徒個人に対して有効となる支援の方法に関する情報を集約した「サ

ポートブック」を作ること等が挙げられる。

「7）ルール作り」とは，「どのように」と関わる，取組や検討等のルールそのものやルールづくりに関することである。

例えば，特別支援学校においては，授業研究を進める際に共通の視点で授業を参観するために「①児童生徒がねらいに即して学んでいた点」，「②児童生徒が学びにつまずいていた点」，「①に対して，さらに学びを深めるための参考意見」，「②に対して，よりよく学べるための改善に関する意見」をそれぞれ規定の授業参観シートに書き込むといったルールづくりを行って，研究に活用する取組を進めることなどが考えられる。また，小・中学校においては，授業を進める際には，授業時間中の学習活動の流れを予め板書しておき，児童生徒に今何を学習しているのかや，次に何を学習するのかが分かりやすくなるようにするなどの全校的なルールを決めることなどが考えられる。

「8）プログラム作り」とは，「より具体的な取組や検討等の事項」に関することである。

例えば，特別支援学校においては，社会に開かれた教育課程の具現化を図るために作業製品の地域向け販売会を企画したり，大学や企業等と合同で製品開発を行ったり，当該学校の認知度について地域住民へのアンケート調査を行ったりすることなどが考えられる。また，小・中学校においては，障害のある児童生徒の認知の特性を理解するための教職員向け研修プログラムを立案したり，規範意識の醸成をテーマとした研究活動に係るプログラム（実態調査，課題分析等）をつくったりすることが考えられる。

以上，これまでに説明した要因は，説明のためにあえて別々に抽出しているものであるが，実際のカリキュラム・マネジメントを進めていくに当たっては，これらが相互に関連し合いながら機能していくことは言うまでもない。

3 カリキュラム・マネジメント促進フレームワークの検討過程と活用に向けて

（1）カリキュラム・マネジメントを促進する枠組みの検討

さて，前述の国立特別支援教育総合研究所知的障害教育班の研究では，アンケート調査の自由記述の結果分析のみならず，それ以外にも各種の項目について尋ねたり，関連する文献の分析や研究協力機関を訪問したりして，具体的にどのようなカリキュラム・マネジメント上の工夫を行っているのかについて聞き取り調査を行った。

文献による調査結果からは，「カリキュラム・マネジメント」の概念について，「学習指導要領等を中心としながら，各学校が設定する学校教育目標を実現するために，どのように教育課程を編成し，どのようなプロセスを経て，それを実施・評価・改善していくのかという点を中心に据えた概念」（国立特別支援教育総合研究所，2017）と整理することができた。また，自由記述以外のアンケート調査に関しては，教育課程の「編成」の局面に視点を当てると，ルールや手引き，スケジュールが明確になっている場合が多かったもの

の，教育課程の「改善」場面に視点を当ててみると，それらが十分に明らかにされていない状況が分かった。カリキュラム・マネジメントの中核に位置付くものとして，「教育課程の編成・実施・評価・改善のサイクル」は十分に認識されているものの，実態としては，教育課程の「改善」に関わる組織機能やシステムが十分に整っていない状況が明らかとなった。さらに，研究協力機関の訪問調査による聞き取り結果からは，児童生徒一人一人の教育的ニーズを捉えつつ，丁寧に学習評価を行いながら，その結果をカリキュラム・マネジメントに生かしていく特別支援教育ならではのきめ細やかな取組が明らかになった。これらの研究協力機関の多くは，先行して実施した学習評価に関する研究にも参画した研究協力機関であり，観点別学習評価の観点の設定や学習評価に組織的に取り組む体制づくり，その結果を授業改善はもとより，教育課程改善に生かすシステムづくりが行われている学校であった。これらのベースに加えて，特に個別の指導計画の具体的な活用を図ることで，丁寧に児童生徒一人一人の発達を支援している状況や授業改善，教育課程改善を中心課題とした研究組織や検討組織の設置・運営が，各研究協力機関のカリキュラム・マネジメントの原動力となっている側面が認められた。

以上の状況を総合的に勘案する中で，カリキュラム・マネジメントを進めていく際には，学校教育目標の達成に向けて児童生徒一人一人に育成を目指す資質・能力を念頭に置きながら，学校組織全体として教育課程の編成・実施・評価・改善のサイクルを確実に展開していくこと，その際「育てたい力」，「何を学ぶか」，「どのように学ぶか」，「学習評価の充実」の４本の柱を中心にしながらも，児童生徒一人一人の教育的ニーズに対応するための個別の指導計画等の活用や研究組織・教育課程検討組織の設置・運営等を重要な柱として位置付け，それぞれを連動させながらカリキュラム・マネジメントを展開していくことの重要性を指摘した。ちょうどその際に並行して審議されていた中央教育審議会教育課程部会の議論では，教育課程編成の考え方の核となる学習指導要領総則を①「何ができるようになるか」（育成を目指す資質・能力），②「何を学ぶか」（教科等を学ぶ意義と，教科等間・学校段階間のつながりを踏まえた教育課程の編成），③「どのように学ぶか」（各教科等の指導計画の作成と実施，学習・指導の改善・充実），④「子供一人一人の発達をどのように支援するか」（子供の発達を踏まえた指導），⑤「何が身に付いたか」（学習評価の充実），⑥「実施するために何が必要か」（学

知的障害教育におけるカリキュラム・マネジメント促進フレームワーク

要因	具体例	①「何ができるようになるか」（育成を目指す資質・能力）	②「何を学ぶか」（教科等を学ぶ意義と，教科等間・学校段階間のつながりを踏まえた教育課程の編成）	③「どのように学ぶか」（各教科等の指導計画の作成と実施，学習・指導の改善・充実）	④「子供一人一人の発達をどのように支援するか」（子供の発達を踏まえた指導）	⑤「何が身に付いたか」（学習評価の充実）	⑥「実施するために何が必要か」（学習指導要領等の理念を実現するために必要な方策）
ビジョン作り（コンセプト作り）	学校経営計画，運営ビジョン，グランドデザイン，キャリア教育全体計画の提示 etc						
スケジュール作り	授業参観月間，互見授業月間，授業交流週間，学校参観週間，作成・評価期間の設定 etc						
場作り	教育課程検討会議，研究推進会議，授業改善委員会，授業研究会，教科会の設置						
体制（組織）作り	参加者の調整，組織及び個人の権限・役割・責任の明確化 etc						
関係作り	共通理解，情報共有，Win-Win，指示・命令，共感，信頼，援助，建設的相互批判関係構築 etc						
コンテンツ作り	指導段階内容表，キャリア発達内容表，単元計画表，学習内容表の作成 etc						
ルール作り	「授業改善シート」や「授業改善の記録」の活用，実態把握表の活用 etc						
プログラム作り	調査活動，研究活動，研修事業，検討作業，検証作業，評価活動，改訂作業 etc						

図３　カリキュラム・マネジメント促進フレームワーク

習指導要領等の理念を実現するために必要な方策）の6本の柱で構成することが検討された。これらの趣旨は，研究において各種の調査等で明らかになったことや検討を重ねてきたことと趣旨を同じくするものであったことから，今後のカリキュラム・マネジメントを促進する枠組みとして6本の柱とカリキュラム・マネジメントを促進させる八つの要因を掛け合わせることにより「カリキュラム・マネジメント促進フレームワーク」を作成した（図3）。

（2） カリキュラム・マネジメントを促進する枠組みの活用に向けて

　この枠組みの活用に当たっては，児童生徒一人一人の視点に立って，育成を目指す資質・能力が確実に身に付けられるようにするためのものであることを理解する必要があるとともに，これらの枠組みに基づいて特色ある学校づくりを推進する上での，現状分析や課題の整理・検討，社会に開かれた教育課程を具現化する際のアイディアの構想等に利用していけるものとの理解が必要になる。加えて，学校経営意図の明確化や具体化，カリキュラムの評価に関する着眼点を示すものである。チェック項目としての機能を有する側面も考えられるが，決して，これらの項目（各セル）が全て埋められなくてはならないものと認識されたり，この枠組みさえ埋めておけばよいものと認識されたりすることは避けたいところである。さらに，この枠組みは，カリキュラム・マネジメントを促進する着眼点を48のセルに分割して提供しているが，実際に活用する上では，それぞれのセルが密接に関連し合っていることを念頭に置く必要がある。これらの密接不可分な関係については，枠組みを大括りで捉えることを含めて，柔軟に活用していくことが重要である。

　具体的な検討事例を紹介するために，あえてこのフレームワークを切り取って説明を試

要因	④「子供一人一人の発達をどのように支援するか」（子供の発達を踏まえた指導）
重点事項・特徴的事項 →	個別の指導計画の活用 ↓
ビジョン作り（コンセプト作り）	※ 個別の指導計画作成活用指針の策定
スケジュール作り	※ 学年会での検討スケジュールの明示 ex「4月：学年会での作成，単元終了時：実施事項の記録化と学習評価，学期末：計画の評価と改善」 ※ 個別ケース会議週間の設定
場作り	※ 個別ケース会議の設定
体制(組織)作り	※ 個別ケース会議における「保護者・本人・学級担任・学年主任，スクールワーカー」の参加調整 ※ 文書供覧システムの確立
関係作り	※ 家庭生活上の課題の共有化と問題行動への共同対応に関する共通理解
コンテンツ作り	※ 個別の指導計画の作成
ルール作り	※ 「個別の情報集約ツール」を活用した情報収集・集約
プログラム作り	※ 児童生徒全員分の目標達成度の集計 ※ 教科等ごとに個別の指導目標を全て集約し，知的の各教科等の各段階に対応させた集計・分析

図4　具体的検討内容の例示

みたい。検討の際は，図のように重点事項を位置付けたり，特徴的事項を設定したりすることがポイントとなる。ここでは，「④子供一人一人の発達をどのように支援するか」の柱と関連する「重点項目」として「個別の指導計画の活用」を位置付けたと仮定する（図4）。この際，八つの要因との関連でビジョン作りでは，「個別の指導計画作成活用指針」を策定し，明示すること，スケジュール作りでは「学年会での作成（学期初め）・実施と記録化（単元終了時）・評価（単元終了時）・改善（学期終わり）」等と検討スケジュールを明示すること，場作りでは，作成時と評価時に「個別ケース会議」を設定すること，体制作りでは，「個別ケース会議」への参加者について「保護者・児童生徒本人・学級担任・学年主任・スクールワーカーの参加」を調整すること，関係作りでは，「家庭生活上の課題の共有化と問題行動への共同対応に関する共通理解」を図ること，コンテンツ作りとして「個別の指導計画」そのものを作成すること，ルール作りとしては「個別の情報集約ツール」を用いて，多様な関係者が日々の指導実践上の気付きや家庭生活上の気付きをメモして情報収集と集約を図るルールをつくること，プログラム作りでは，児童生徒全員分の目標達成度を集計することや教科等ごとに個別の指導目標を全て集約して，各段階に対応して具体的にどのような目標を設定しているのか，また，具体的な指導の手立てとして，どのような方策を講じているのかを分析して，学校の共有財産とすることなどが考えられる。

4 カリキュラム・マネジメントを促進する具体的アイディアとポイント

（1） 学習指導要領解説に示された教育課程編成の手順の一例を踏まえたポイント

さて，学習指導要領解説には，教育課程を編成する際の参考に資するため「手順の一例」が示されている。これらの手順は，各学校がその実態や課題に即して創意工夫を重ねながら検討すべきものであるため，全ての学校が一律である必要はない。ここでは手順の柱に従いながらカリキュラム・マネジメント促進フレームワークの活用を念頭に置いた具体的アイディアとポイントについて言及したい。

① 「教育課程の編成に対する学校の基本方針を明確にする」際のポイント

この点は「ビジョン作り」と関わる内容である。学校として教育課程をどのように捉え，編成するのかについて基本的な考え方を明らかにする必要がある。また，学部レベル，学年レベル，学級レベルにおいて教育課程を捉えたり編成したりする際にも，学校としての全体的な方針のもとに，これらと整合・連動する考え方のもと，教育課程をより具体的に噛み砕いた内容になっているかを整理し，編成していくことが重要なポイントとなる。加えて，「編成」とともに「改善」に係る具体的な考え方や手続きを明示することもポイントの一つである。

② 「教育課程の編成・実施のための組織と日程を決める」際のポイント

この点は「場作り・体制作り・スケジュール作り」と関わる内容である。例えば特別支

援学校（知的障害）では，複数の学部等を設置する場合が多いので，学校の教育課程編成に係る基本方針のもと，学部間の接続や系統性という視点から，それぞれの学部内の課題を整理・検討するばかりでなく，学部間を横断する全校的な検討組織体制づくりが重要となる。そうなると，まずは各学部内での実態の把握やこれまでの成果と課題の整理・検討等が先に行われ，その後に全校組織による検討を行うスケジュールの組み立てが必要になってくる場合も出てくるだろう。また，効果や効率性の観点から設置した検討会議に誰が参加するのかを決めることも重要なポイントとなる。全ての会議を全ての教職員で行うことは非効率的であるので，おのずとどの会議やどの組織では，誰が参加して，何をどのように話し合って物事を決めるのか，その役割や権限を明確にしておく必要もある。とりわけ学校の中には，学部組織・学科組織のような縦断的組織や教務部・研究部・学校保健安全委員会等のような横断的組織が縦横に校務分掌上，位置付いている。これらの機能や役割と権限について，学校教育目標の実現という観点から整理することが必要である。

③ 「教育課程の編成のための事前の研究や調査をする」際のポイント

この点は「ルール作りやプログラム作り」と関わる内容である。とりわけ，どのような力が身に付いたかという観点から児童生徒の育ちを丁寧に評価することが必要であり，個別の指導計画をもとに全ての児童生徒の学習状況の評価を集約したり，学校評価に基づいて多様な関係者が児童生徒の成長や発達をそれぞれの視点で評価したりすることが必要となる。また，これらの結果を「編成」のみならず「改善」にも生かす視点をもって，PDCAサイクルの中に組み込むことが重要である。さらに，投入（インプット）した人的・物的資源により，どのような教育活動を生起させ（アウトプット），児童生徒や学校そのもの，学校を取り巻く地域の変化・変容や成長としてどのような成果（アウトカム）を得たのかをロジックモデルに基づいて検証していくことも研究や調査のアイディアの一つとして挙げておきたい。この際には，成果指標をどのように定めるのか，事前に合意を図っておくことも重要なポイントとなる。

④ 「学校の教育目標など教育課程の編成の基本となる事項を定める」際のポイント

この点も「ビジョン作りやルール作り」に関わる内容である。国立特別支援教育総合研究所の研究結果によれば，学校教育目標について，見直しや修正を行う頻度は，そのもとに位置付く「育てたい子供像」や「学部教育目標」を見直したり修正したりする頻度よりは低くなっている。中には開校以来，十数年や数十年の間，学校の教育目標が変わっていないという場合もあるかもしれない。結果として修正・変更されるか否かは別として，これらの学校教育目標についても，社会の変化や学校・地域の実情，児童生徒の実態・教育的ニーズ等に応じたものとなっているのか，検討の俎上に上げることは重要であると考える。また，学習指導要領が資質・能力の確実な育成という観点で改訂されたことを踏まえて，「各学部で検討する育てたい子供像には，『知識・技能』『思考力・判断力・表現力等』『学びに向かう力・人間性等』の三つの柱で検討することとする」など，編成に当たって留意すべき点や共通のルールを定めるなどのアイディアも考えられる。

⑤ 「教育課程を編成する」際のポイント

この点は「コンテンツ作り」に関わる内容である。知的障害教育においては、「何を学ぶか」という視点と関わって、児童生徒の実態に即して、必要な内容を十分に吟味した上で、選択し、組織する必要がある。また、「どのように学ぶか」との視点に関わって、児童生徒が効果的・効率的に学ぶことができるよう、指導の形態についても検討を必要とする。加えて、内容を習得し、資質・能力を身に付けるためにふさわしい授業時間数を見積もって、配当することが重要である。この際には、各教科等を合わせて指導する場合においても、関連する教科等の内容を教科等別に指導する場合の授業時数を参考にしながら、それらと概ね一致するように計画することがポイントとなる。特に、「学習活動」のみを重視して計画することにより、「何ができるようになるか（資質・能力）」や「何を学ぶか（学習内容）」について、各教科等に示した目標・内容との十分な関連付けが図られないまま教育課程が編成されることは避けたいところである。これらに加えて、各教科等における指導が他の教科等とどのように関連しているのかを資質・能力レベルで明らかにすることが、各教科等間の教育内容の相互の関連や系統性に配慮することへとつながっていくためのポイントになると考えたい。

⑥ 「教育課程を実施する」際のポイント

この点は、カリキュラム・マネジメントを促進する八つの要因全てと関わる内容である。教育課程を実施する際には、その効果が最大限に引き出されるような様々な手立てや支援を適時・適切に、また状況に応じて検討し、実施することが重要である。そのため、学校教育目標やビジョン、コンセプトを常に意識しながら、即時的なフィードバックを絶えず繰り返し、目指している目標や成果との関連において微調整を行うことが必要になる。加えて、指導方法については、学部間で統一を図ったり、学習環境づくりにおいても、校内で共通理解を図ったりするなど、ルールづくりや関係づくりに努めながら教育課程の実施に当たることが重要となる。

⑦ 「教育課程を評価し改善する」際のポイント

この点は、「ルール作りやプログラム作り」と関わる内容である。

教育課程の評価は、授業計画レベル、単元計画レベル、年間計画レベル等の各レベルで、目的・内容・方法・時間数等の見直しを適宜行うこととして捉えたい。特に、ショートスパンで児童生徒の学習状況の評価を繰り返すことや、指導計画の柔軟な見直しを図ることが一つのポイントとなる。一度立てた計画であっても、臨機応変に児童生徒の学びの状況等を勘案しながら、計画を微調整していける動的なシステムやルールをつくっておきたい。「教育課程の実施」を時計の針の動きに例えると、時刻を示す時計の短針を1回転させる（これを大きな意味での教育課程の実施と捉える）ためには、長針が12回転することや、秒針が720回転することが必要となる。前述のショートスパンでの評価は、秒針が1回転した段階で、必要に応じた微調整を行うことになり、その情報を適宜、フィードバックすることで、その後の長針の動き、つまり学習・指導との接続や連携がうまく図られることになる。

もちろん、長針が1回転した段階（ミドルスパン）での評価も重要になる。これが、単元ごとの評価であったり、学期ごとの評価であったりと捉えることができよう。このように、ショートスパン、ミドルスパン、ロングスパンで物事を捉えたり、整理したりする視点をもって教育課程の実施という営みを捉えると、この中には、細かなPDCAサイクルが複数、展開されていることになる。よって、教育課程を実施しながらも、評価等の記録を丁寧に蓄積し、その後の教育課程の総括的な評価や改善に生かしていくといった視点が重要になる。また、改善に関しては、どの時期（いつまで）に、どのこと（何）について、誰が、どのような方法で改善するのかを具体化して取り組むことが重要なポイントとなる。教育課程の「編成」よりも「改善」に関するルールや手引き、スケジュールが明確になっていないという先に挙げた国立特別支援教育総合研究所の調査結果を踏まえると、むしろ、「改善」に重点を置いたルールづくりやプログラムづくりを行っていくこともポイントの一つになろう。

（2）演習スタイルによる教育課程検討会議や研修活動への活用

最後に、カリキュラム・マネジメント促進フレームワーク（以下、「フレームワーク」）を活用した演習スタイルによる教育課程の改善に関する検討の進め方や研修活動を提案したい。

例えば、学部会の中で教育課程改善につなげていくために、学部の取組について、当該学部に所属する教職員全員が参画することとする。

要因	①「何ができるようになるか」	②「何を学ぶか」	③「どのように学ぶか」	④「子供一人一人の発達をどのように支援するか」	⑤「何が身に付いたか」	⑥「実施するために何が必要か」
ビジョン作り（コンセプト作り）	強み	強み	強化策		強み	
スケジュール作り	強み	強み	強化策		強み	強化策
場作り						
体制(組織)作り				強み	課題	新規策
関係作り	課題	改善策		課題	強み	
コンテンツ作り	課題	改善策				
ルール作り			新規策		課題	改善策
プログラム作り			新規策		課題	改善策

図5　演習スタイルによる検討のイメージ

その際、学部で取り組んでいる様々な指導上の取組（例えば朝の体力づくり運動、挨拶活動、作業製品定期販売会等）や会議・事務作業等（学習評価会議、学部研修、学年便りの発行等）の取組について、所属している教職員一人一人が「強み」と感じたり、学部ならではの「セールスポイント」と考えたりする取組や、反対に「弱点」「課題点」と考える取組を、実際に取り組んでいる中から「事実ベース」で挙げていき、フレームワーク上に付箋に書き表して位置付けていく。この際、例えば、強みを赤色の付箋、弱みを青色の付箋に色分けして貼り出すと、視覚的にも分かりやすくなるとともに、分類しやすくなる（図5）。さらにフレームワークを用いて考えを位置付けることで、当該学部の教育課程全体を俯瞰しながら論点や話題を明確にすることができ、後に行う当該学部教職員集団による検討や議論の軸がぶれることを防げる効果も見込める。

次に、強みやセールスポイントと感じる取組に対して、さらなる強化のためのアイディ

アや，弱み・課題点に対して，解決のための糸口となるアイディアや改善策を教職員一人一人が考えて，その横に位置付けてみる。この内容は，「今後取り組んでみたいこと」であり，前出の事実ベースの記述内容とは異なり，それぞれの教職員の思いや願いが含まれることになる。

　ここまで個人作業で進めた上で，これらの結果を全ての教職員の検討結果と見比べてみたり，意見交換を行うために，突き合わせてみたりする。

　場合によっては，空白となるセルが出てくる可能性も考えられるが，その点については，本当に関連する指導に取り組んでいないのか，実際には取り組んでいるけれども，強みや弱みを特に実感しないだけなのかを，再度確認してみる必要も出てこよう。

　いずれにしても，ここからが学部組織として取り組んでいくことの醍醐味につながってくる部分となる。ほとんど同じ色が集まっているところは，学部組織として似通った認識を共有している箇所であるので，強化策や改善策を考えやすく，糸口が見つけやすくなる。その際，どのような効果や成果等が現れれば学部組織が共有する目標を実現できるのか，共通の規準やイメージを抱きながら検討するようにしたい。

　一方で，考え方や捉え方の違いにより，意見の異なってくる場合も起こり得る。その際には，それぞれの意見の根拠や背景となる事実，データ等を踏まえながら，一つ一つの意見の本質的な主張を見定め，共有した成果目標や規準等に照らし合わせて判断することが重要なポイントとなる。最後に，検討している取組や事項間の関連を整理して全体としてのバランスを図る作業や，何が最も重要で，どこから取り組んでいくのかという，優先度を検討することも必要になる。取り組みやすさの難易度と重要度の関係を検討した上で，様々な意見やアイディアを位置付けて整理することも必要である。取り掛かりとしては，やはり学部運営上の核となる取組，つまり「セールスポイント」に関する意見交換から始めてみるのも一つのポイントになる。学部組織の課題や弱点に意識が向きがちとなると，重苦しい雰囲気が先行してしまい，改善策や工夫に満ちたアイディアも浮かびづらくなる。特色のある学校経営につなげていくための学部運営を進める意味においても，学部として力を注いでいる点や可能性を秘めた点，周囲の関係者や外部の人材等と協調しながら時間をかけて取り組んでいる特徴的事柄に焦点を当てて検討してみることもよりよい改善や充実につながる話合いの進め方のポイントとなると考えられる。

　読者諸氏には，カリキュラム・マネジメントのより有意義な検討会議や研修となるよう，取組を工夫していただければ幸いである。

〔参考文献〕
・国立特別支援教育総合研究所「知的障害教育における『育成すべき資質・能力』を踏まえた教育課程編成の在り方〜アクティブ・ラーニングを活用した各教科の目標・内容・方法・学習評価の一体化〜」2017年
・丹野哲也「教科等横断的な視点に立った資質・能力の育成とカリキュラム・マネジメント」，『季刊特別支援教育』68号，2018年
・武富博文「特別支援教育におけるカリキュラム・マネジメント」，『特別支援教育研究』726号，2018年

・武富博文「特別支援学校におけるカリキュラム・マネジメント（連載第6回）」,『特別支援教育の実践情報』2/3月号, 2018年
・武富博文「特別支援教育の視点を取り入れたカリキュラム・マネジメント」,『LD, ADHD & ASD』編集部, 笹森洋樹編『平成29年版　学習指導要領改訂のポイント　通常の学級の特別支援教育』明治図書出版, 2017年

〈武富　博文〉

カリキュラム・マネジメントの実際

第Ⅲ章

知的障害教育におけるカリキュラム・マネジメント

1 個別の指導等におけるカリキュラム・マネジメント

指導計画の見直しを通した質的な授業改善
~高等部木工班における,生徒の自己有能感等の育成を目指した取組~

■特別支援学校高等部 1~3 学年　■作業学習

P-1 課題の把握

　「個別の指導計画」は2種類のシートで構成されており,シート1は各教科・領域別の生徒の実態及び年間目標等が,シート2は年間目標に準拠した各教科・領域別の半期目標,具体的な指導内容,支援の方法,学習評価が記入される。作成手順として,まず,年度末に担任が次年度の各教科等別年間目標(案)を立案し,学年団等で目標検討会を実施する。シート1は新年度の担任に引き継がれ,新担任によりシート2が作成される流れとなる。

　本稿で紹介する木工班には5名(1年生2名,2年生1名,3年生2名)の生徒が在籍しており,全員が木工班への所属は初めてである。卒業後に希望する進路先は一般就労,福祉的就労と様々であり,作業技能はもとより,対人関係・コミュニケーション,役割の遂行,他者との協調・協働等,卒業後の職業生活に必要と考えられる力を個別に検討しながら,前期目標を設定するとともに,指導計画の立案を行った。

P-2 当初の指導計画

第1~24時	工具に慣れよう

[学習活動]
・工具の用途を理解する。
・工具の安全で正しい使用方法を知り,慣れる(墨付け,切断,接合,表面仕上げ等)。

第25~40時	木工製品を作ろう①~正しい手順で作業をしよう~

[学習活動]
・主に手工具を用いて,簡単な木工製品を作る。
・手順に従い,責任をもって最後まで作業を遂行する。

第41~90時	木工製品を作ろう②~にこにこショップに向けて製品を作ろう~

[学習活動]	[指導上の留意点]
・手工具と機械を用いて,にこにこショップで販売するための木工製品を作る。 ・教師の言葉かけを受けながら,準備,点検,片付けまで,できる限り一人で取り組む。	・それぞれの生徒のよい面や得意な面を生かし,担当する製品を決定する。 ・生徒が安全に取り組めるための補助具等を工夫する。

第91~120時	オリジナル製品を作ろう

[学習活動]	[指導上の留意点]
・手工具と機械を用いて,自分が生活の	・身に付けた知識や技能を生かし,自信

| | 中で使ってみたい木工製品を作る。
・自分で考え，工夫し，製品を仕上げる。 | をもって主体的に取り組むことのできる学習内容及び活動を確保する。 |

P-3 改善後の指導計画

（1） 改善後の指導計画表

第1〜24時	工具に慣れよう
第25〜40時	木工製品を作ろう①〜正しい手順で作業をしよう〜
第41〜90時	木工製品を作ろう②〜お客様に喜んでいただける製品を作ろう〜

[学習活動]	[指導上の留意点]
・手工具と機械を用いて，にこにこショップや受注販売のための木工製品を作る。 ・リーダーの言葉かけを受けながら，準備，点検，片付けまで，できる限り一人で取り組む。	・作業工程表や補助具等，生徒が主体的に取り組めるための教材等を工夫する。

第91〜120時	みんなで協力して受注製品を作ろう

[学習活動]	[指導上の留意点]
・手工具と機械を用いて，受注された木工製品を全員で協力して作る。	・生徒が身に付けた知識や技能を教え合い，主体的・協同的に取り組むことのできる学習内容及び活動を確保する。

（2） 改善の視点

　当初の指導計画に従い，4月から6月中旬にかけて指導を行った結果，生徒は5名とも学習に対して意欲的であり，安全に留意して作業に取り組むことができていたものの，自信をもって自分で段取りよく作業を進めること，困ったときに周囲に援助を求めること等の面で課題が見られた。また，作業学習以外の場面において，気持ちのコントロールがうまくできず，集団活動に参加できない生徒，「できる・できない」の狭間で揺れ動く複雑な感情を人や物にぶつけてしまう生徒等が見られた。

　作業学習においては，活動に参加できなかったり，生徒間の関わりにおいて目立ったトラブルが発生したりすることは見られなかった。しかし，次にすべき活動に取り掛かることなく教師の指示を待っている生徒，逆に，活動のたびに教師に確認を求めてくる生徒等，学習上や生活上の課題の背景には，生徒の成功経験の少なさ，自己有能感，主体的に取り組もうとする自信や意欲等が十分に育っていないことが影響しているのではないかと考えた。

　そこで，①生徒が自己有能感を高めること，②生徒が目的をもって活動に取り組み，自分の役割をやり遂げること，③生徒が自ら思考，判断をしたり，人と協力したりしながら活動に取り組むこと，の三つの視点で授業改善に取り組むこととした。いずれも卒業後の社会生活，職業生活を支えていく大切な力であることから，他の教科や自立活動等の指導目標や指導内容等との関連にも考慮しながら，指導計画の改善を図った。

D 指導の実際

6月中旬から取り組んだ単元「木工製品を作ろう②」以降で計画の変更を行った。

本校では、毎年12月に作業製品販売活動「にこにこショップ」を開催しており、大勢の保護者や卒業生、地域住民等で賑わう。「自分の作った製品を全部売り切りたい」「お客さんにたくさん買ってほしい」等の願いを口にしながら、生徒は1学期からコツコツと製品を作り続けてきた。苦労して作った製品を客に手渡し、喜んでもらうことは、勤労に対する生徒の意欲や自信を高める意味からも、またとない学習機会である。「すごいね」「うまく作れているね」「気持ちのいい接客だね」等の言葉を様々な人々から直接かけてもらったときの生徒の表情は、心からの喜びと充実感に満ちている。

そこで、年に一度のにこにこショップ以外にも、様々な人との関わりを通して、自らが必要とされ、役割を果たし、がんばった自分に対する評価の言葉をかけてもらえる学習機会を短いスパンで繰り返し設定することにより、「誰のために何を作るのか」という目的が一層明確になるとととともに、生徒の自己有能感の向上や働くことへのモチベーションにもつながるのではと考え、教職員向けの受注販売に試行的に取り組むこととし、指導計画を改善した。

また、作業を行う際、生徒ができるだけ自分で手順や工法を確認しながら自分で作業に取り組むことができるよう、実習助手の協力を得て、製品別に「作業工程表」を作成したり、安全に一人で作業をするための補助具の開発・充実等に努めたりした。

写真1
ラック製作用の補助具

さらには、生徒が学習の主体者として能動的に活動に参加できるよう、授業展開の見直しも行い、教師が一方的にリードするやり方ではなく、教え合いや助け合い等、生徒同士が関わり合う場面を意図的に設けたり、学習リーダー（3年生）の号令を受けて片付けや掃除に取り掛かったりするよう、修正を図った。人に説明するためには、身に付けた知識や技能を活用することが必要となる。他者に説明することでさらに理解を深めたり、知識や技能を定着させたりすることにもつながると考えた。また、学年を超えて共に協働する同僚性を大切にすることにより、友達や仲間の存在のよさを認め合うだけでなく、上級生への尊敬や憧れの気持ちや、下級生に優しく教える態度等を育てていきたいと考え、一人一人の個性を尊重し合える温かみのある学習集団づくりを目指して指導に取り組んだ。

写真2
木材加工をする生徒

C・A 指導の振り返り

(1) 生徒の変容

ショップ用の製品作りと並行して，全員で受注製品の製作に取り組み，一人では作ることの難しい大型の家具を完成させた。製作過程において，各生徒が身に付けてきた技能を発揮しつつも，使ったことのない工具や機械等にも挑戦することで，新たな技能を獲得する意欲や喜びをもって取り組むことができた。また，工程を細分化し，個々の力を生かせるような役割分担をしたことで，自信をもち，集中して活動に取り組む姿が見られた。

最大の成果は，感謝される経験の積み重ねを通して生徒が喜びを感じ，やり遂げた自分への満足感や誰かのために貢献したいという意欲が向上した点である。納品先に向かう足取りや，言葉をかけてもらうときの姿勢，表情等を見ると，「褒められてうれしい」「自分たちでできた」等，肯定的な感情の表出が見られた。このように，生徒が自己有能感を実感できるよう，顧客と直接触れ合う機会を設定したことは大変有効であった。

写真3 仕上げ磨きの作業

写真4 納品中の様子

写真5 サンキューレター

(2) 成果とさらなる課題

本校では，個別の指導計画とは別に，各教科等の単元（題材）別の評価表があり，単元（題材）終了ごとに学習評価を個別に行い，それを基に半期ごとの評価内容を個別の指導計画に記入している。評価表を根拠とすることで改善のポイントが明確になり，学習の質的向上にもつながるものと考える。

今年度は，平成26年度に研究の一環として実施した卒業生等からの聞き取り調査結果等を基に，6観点25要素から成る「児童生徒に付けたい力」を整理した。今後，「個別の指導計画」等とのつながりをもたせつつ，指導の充実をさらに図っていくことが課題である。

〈田中 秀明〉

> **カリキュラム・マネジメントの視点**
>
> 生徒が学習していることの意味や意義を理解できるよう，年度の途中であっても弾力的に単元計画を見直した柔軟な実践となっている。自己有能感の育成を中心に，一人一人の役割の遂行や思考・判断しながら協働的に学習が進められるよう，他教科の目標・内容や自立活動とも関連付けられた学習活動が展開されている。この過程で個別の指導計画が活用され，単元終了時の生徒の学習評価が単元計画の改善とも密接に関連付けられていた。

1 個別の指導等におけるカリキュラム・マネジメント

出掛けよう
~店員との挨拶ややり取りについて考えよう~

■特別支援学校小学部5・6年　■生活単元学習

P-1 課題の把握

　「様々な場面で友達や人と関わりたい」「自分の思いを伝えることができるようになりたい」。子供たちが個別の教育支援計画に寄せる願いの一つである。Aさんは，構音に起因した発語の不明瞭さを併せ有するものの，話し方を工夫したり伝える内容を補足する絵や文字を用いたりすることで，「自分も伝えることができそう」といった期待感を少しずつ高めてきている。これまでの国語科を中心とした学習場面や生活場面における実際的な関わりを通して，様々な言葉を知り，生活の中で使うことができる言葉を増やしてきている。

　しかし，例えば挨拶場面で，使う言葉は分かっていても発声や声の大きさに注意して話をしたり，公共施設の利用場面では，場や状況に応じてどのような言葉を使えばよいのか判断し，表現したりすることが難しい様子も見られる。

　このような児童の実態を踏まえ，生活単元学習「出掛けよう」の単元を設定した。

P-2 当初の指導計画

第1時	校外へ出掛ける期日を知り，行先（レンタルショップ）を選ぶ
第2時	店舗利用のマナーや想定されるやり取りを考える

[学習活動]	[指導上の留意点]
・店舗利用のマナーや想定されるやり取りについて，これまでの経験を想起する。	・これまでの経験を想起したり，やり取りについて考えたりすることができるように，学習の様子を動画や写真で確認する。

第3~4時	出掛ける店舗の様子を調べ，店舗利用に必要なマナーややり取りを整理する

[学習活動]	[指導上の留意点]
・出掛ける店舗の様子を調べたり，店舗利用に必要なマナーややり取りを整理したりして，「利用ブック」を作成する。	・絵や写真を手掛かりにして，言語化したり動作化したりしながら「利用ブック」にまとめる。

第5時	模擬の場で，自分から挨拶をしたり，やり取りをしたりする
第6~8時	店舗に出掛け，練習した挨拶ややり取りをする（校外学習）
第9~10時	校外学習の様子について自己評価をしたり，模擬の場で再度実践したりすることで，店舗利用のマナーややり取りに対する理解を深める

第11〜13時	店舗に出掛け，店員との関わりを通して，より適切な挨拶ややり取りの仕方を確かめる（校外学習）
第14時	学習してきたことを絵や文字を使ってまとめ，教師や友達に伝える

P-3 改善後の指導計画

（1） 改善後の指導計画表

第1時	校外へ出掛ける期日を知り，行先（レンタルショップ）を選ぶ
第2時	**出掛けることの目的を明確にし，期待感を高める**

［学習活動］	［指導上の留意点］
・レンタルショップで借りるDVDを選ぶ。	・借りたいと予想されるDVDを事前に用意しておき，実際に視聴することで，DVDを借りることへの期待感を高める。

第3〜4時	**店舗利用のマナーや想定されるやり取りを考える**

［学習活動］	［指導上の留意点］
・店舗利用のマナーや店員との挨拶，想定されるやり取りについて考え，「利用ブック」を作成する。	・場面に適した言葉を選択，判断できるよう，複数枚の言葉カードを準備する。 ・言語化したり動作化したりしたことの正誤を，教師の反応を手掛かりにして確かめ，「利用ブック」にまとめる。

第5時	模擬の場で，自分から挨拶をしたり，やり取りをしたりする
第6〜8時	店舗に出掛け，練習した挨拶ややり取りをする（校外学習）
第9〜10時	校外学習の様子について自己評価をしたり，模擬の場で再度実践したりすることで，店舗利用のマナーややり取りに対する理解を深める
第11〜13時	店舗に出掛け，店員との関わりを通して，より適切な挨拶ややり取りの仕方を確かめる（校外学習）
第14時	学習してきたことを絵や文字を使ってまとめ，教師や友達に伝える

（2） 改善の視点

　改善前の第2時の学習では，公共交通機関，施設を利用した経験を動画で想起し，店舗利用時のマナーや想定されるやり取りを考えた。そこには，動画を見ずに指遊びをするAさんの姿があった。この姿からは，店舗を利用する上で必要な事柄を動画から読み取ろうとする気持ちの高まりが感じられず，学習に対する動機付けが十分に図られていない，などの理由が考えられた。また，借りたいDVDが見つからないときのやり取りを考える活動では，店員にどのような言葉をかければよいのか困惑していた。この姿については，場面と対応付けながら言葉を考えているものの，適当な言葉を想起できない，あるいは，想起できた言葉に自信がない姿と捉えた。自分から聞いたり尋ねたりする経験が少ない，適した言葉だと判断するための手掛かりがない，などの理由が考えられた。

このような学習評価を経て，借りたいDVDを選んでおくことで活動への期待感を高める，複数の言葉カードの中からやり取りに必要な言葉を選ぶことで，場面に適した言葉を判断できるようにする，などの改善を図ることにした。

D 指導の実際

　改善を図った第2時の学習の中で，Aさんからも「このDVDを見てみたい。早く行ってみたい」と期待の高まりが感じられた。改善後の指導計画における第3時の授業では，「好きなDVDを借りたい」という児童の思いを基にして，利用する店舗で必要なやり取りであり，かつ，他の施設等においても活用しやすい（汎用性の高い）やり取りについて考え，利用ブックにまとめていくことをねらいとした。

　場面と対応付けながら言葉を検索しているものの，適当な言葉を想起できない，あるいは，想起できた言葉に自信がないと評価したAさんに対しては，複数の言葉カードの中からやり取りに必要な言葉を選ぶことで，場面に適した言葉を判断できるようにした（写真1）。店員とのやり取りの中で用いる言葉を予め提示しておくことで，意図的に言葉を選択したり，選択した言葉を教師に伝え，聞き手である教師の反応からその適切さを判断したりすることができ，自信をもって利用ブックにまとめていくことができた（写真2）。

　これらの学習と並行して，国語科では，声の大きさ，話す速さに注意しながら，自身が経験したことやそのときの思いを話したり，絵や写真から読み取った事柄を友達に伝えたりする学習活動を設定した。

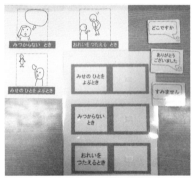
写真1　やり取りを考えるための教材・教具

写真2　「利用ブック」にやり取りをまとめるBさん

C・A 指導の振り返り

（1）児童の変容

　身に付けてきた言語的やり取りを実際の場で活用する機会として，レンタルショップに出掛けた（改善後の指導計画：第6～8，11～13時）。単元の指導計画と併せて作成した評価計画では，個人目標の評価場面に当たる。

　Aさんは，店内を一通り見回し，自分が借りたいDVDが見つからないと分かると，友

達と一緒に店員を探し始めた。店員を見つけると、利用ブックを手掛かりにして「すみません」と自分から呼び止め、文字を指さしながら「○○はどこにありますか」と尋ねることができた。学校生活場面おいても、学習した言語的やり取りを活用しながら教師を呼び止め、「○○を貸してください」と、より丁寧な表現で自分の気持ちを伝える姿が増えてきている。

(2) 成果とさらなる課題

　単元開始からこれまで、児童の学習評価を踏まえて指導計画を改善するとともに、各教科等との関連を図りながら授業づくりに取り組んできた。発声や声の大きさに注意して店員と挨拶をしたり、状況に応じたやり取りをしたりすることを目的にして、児童の言語能力に働き掛けることを意図した。

　教科等横断的な視点をもって単元を構成したことで、目的を共にした学びの機会が他の教科や生活場面に広がり、その広がりの中で目標とした児童の姿を垣間見ることができた。しかしながら、一単元の取組であり、変容として確認できた児童の育ちは、生活の中の一場面における姿である。

　今後の課題として、年間を通し、教科等横断的な視点に立った指導計画に基づく指導を行うことが挙げられる。言語能力に留まらず、情報活用能力や現代的諸課題に対応するための資質・能力、道徳的実践力など、児童に育てたい資質・能力は多岐にわたる。児童一人一人の学習上又は生活上の困難等の実態を踏まえ、重点を置く資質・能力は何かを年度当初において明確にするとともに、その資質・能力を育むための個別の指導計画の運用と指導の実際について、日々の実践を通してさらに追究していきたいと考える。

〔引用・参考文献〕
・文部科学省「特別支援学校学習指導要領解説　総則等編（幼稚部・小学部・中学部）」平成21年
・文部科学省「特別支援学校教育要領・学習指導要領説明会配布資料」平成29年

〈四ツ永　信也〉

カリキュラム・マネジメントの視点

個別の教育支援計画における本人の願いに基づき、的確な実態把握を踏まえた上で生活単元学習における個人目標が設定され、個別の指導計画に位置付けられている。各授業において育成を目指す資質・能力との関連から明確な観点を設定して、個人目標の達成状況を分析的に評価している。この学習評価が次の授業づくりへの重要なデータとなり、その内容を吟味することによって、授業と授業を連動させる学びのプロセスを創り出している。

1　個別の指導等におけるカリキュラム・マネジメント

重度・重複障害のある子供への指導

■特別支援学校小学部　■日常生活の指導（朝の会）

P-1　課題の把握

　子供の実態は，医療的ケア（気管切開部よりの痰の吸引等）を伴う重度・重複障害があり，四肢を意図的に動かす様子はあまり見られない。重い肢体不自由と知的障害があるため，瞬きや眼球の動き，表情筋の動きがわずかで，本人なりの方法で快，不快は表出していたとしても，他者にはその読み取りが難しいと感じられる。子供の自覚的・意図的な表出が教師側にも認識できれば，子供の表出に対して意味付けることができると感じていた。

　期間を区切って行う（全10回のような）単元では，重度・重複障害のある子供にとっては，終了する頃にやっと慣れてくることが多かった。その点で朝の会は，基本となる歌や予定の確認など学習の流れが変わることがないため，発達が非常にゆっくりである重度・重複障害のある子供にとって何かを獲得するという場には朝の会が適していると考えた。

　課題と考えた部分は呼名時の表出である。朝の会では，呼名時に教師が子供と両手をつなぎ「お名前呼びをします。A（フルネーム）くん」と声をかけ，その子供の応答を待つという形態を採っていた。呼名後に身体の動いた部分を子供のフィードバックと捉え，「上手に挨拶できたね」という言葉かけ等を返していた。この際，子供たちの表出の全てを応答と受け止めることに重点を置いており，呼名時において子供の意図的な表出での応答には至っていなかった。

P-2　これまでの指導計画

[学習活動]	[指導上の留意点]
はじめのあいさつ	・反応の表出が分かりやすいように，座位保持装置に座った子供の姿勢を整え，担当教師が子供の前方に立つ。 ・「始めます」の言葉かけと一緒に，身体の中央で両手指が触れた状態から（幕が左右に開くように）教師が子供の手を左右に離すことで，始まりを伝える。
[学習活動] 朝の会のうた	[指導上の留意点] ・子供の手を取ったり，身体に触れたりし（肩をトントンとしたりして）朝の会が始まったことに気付けるようにする。
[学習活動] お名前呼び	[指導上の留意点] ・子供の反応を待ち，フィードバックする。
[学習活動] きょうの予定	[指導上の留意点] ・簡単な言葉で1日の活動を伝える。
[学習活動] 季節のうた	[指導上の留意点] ・子供の手を取ったり，手を揺らしたりして，身体に軽い刺激を与える。

[学習活動]	[指導上の留意点]
おわりのあいさつ	・「終わります」の言葉かけと一緒に，両手が左右に離れた状態から（幕が左右から閉じるように）教師が身体の中央で両手指が触れる状態にすることで，終わりを伝える。

P-3 改善後の指導計画(改善の視点)

　従前の朝の会では，朝の会が始まったことで，学校に来たことを子供自身が意識できることが大きなねらいとなっていた。例えば，子供が身体のある部分を思わず動かしてしまう場合であっても，子供の意図的な表出の場合であっても，全ての表出を応答として受け止めることで，自分の気持ちを伝える素地をつくっていくという教師の思いがあった。しかし一方で，どのような身体の表出でも受け止められたことで，「意図的な表出をする」というねらいが薄くなっていた。入学当初よりは着実に体調も落ち着いてきていたこともあり，毎日行われる呼名が，子供に確実な応答を獲得させるのにふさわしい設定であること教師間で確認した。そして，子供の身体の動きを意図的な応答に変えていきたいというねらいを共有し，教師の関わり方を改善した。

D 指導の実際

(1) 表出カテゴリー表

　まず教師の顔が子供の視野に入る位置で子供と手をつなぎ，少し動かしながら「お名前

表1　表出カテゴリー表

呼びをします。A（フルネーム）くん」と呼名する。その後，子供の表出の様子の観察を行う「手厚い支援を必要としている子どものための情報パッケージぱれっと」（国立特別支援教育総合研究所，2016。以下「ぱれっと」）を参考に，表出カテゴリー表（表1）を作成し，朝の会での様子を動画撮影して記録を取った。表出カテゴリー表の内容は，目の動き，眉の動き，表情，手の動き，身体の動き等のカテゴリーを設け，カテゴリー内に，対象である子供の動くであろう部分を予想し細かい項目を作成した。

朝の会で指導を担当する教師は1週間で交替する。2週間をめやすにクラスの教師でカテゴリー表をもとに振り返った。続けていると口まわりがよく動いたため，1項目から「右上唇が動く」，「左上唇が動く」，「下唇が動く」の3項目に増やした。

(2) 観察

呼名後に動いた部分を記録し，一番はじめに動いた部分をピックアップした。他の子供に言葉をかけたときにも手足は動いていることが多く，その動きは子供の意図的な動きではないのではないかという視点で動画を見直してみると，改めて気付くことも多かった。逆に，動画では顔の表情の小さな表出は分かりにくかった。そして，同じ場面を複数の教師が見ていても，教師によって感じることは様々であることにも気付いた。

(3) 経過

月曜日から金曜日までの1週間で集計を行い，表出カテゴリー表に記録された一番目に動いた部分を数えた。約1か月では大きな偏りはあまり見られず，重度・重複障害のある子供の表出の読み取りの難しさを，クラスの教師で実感した。

カテゴリー表には大きな変化なく1か月半ほど過ぎたとき，一番はじめには表出はされないものの「上唇の動きが意図的でないか」との意見が出された。理由は上唇の動きは，他の教師も朝の会以外の学校生活ではあまり見たことがないため「思わず身体の部位を動かしてしまっているのではない」と考えたからだった。そこから，その動きを「子供の意図的な応答の手段として育てたい」ということを教師間で共通認識し，呼名時に子供の動きを待つことにした。ある日，「ここでお返事するんだよ」と上唇を触って呼名すると上唇が動いた。その1週間は，上唇を触ってから呼名を行った。すると結果的に上唇が動くことが多くなった。

今までは，子供からの応答としての表出を待つことを中心に指導していたために，動きを誘導するようなことは一切せず，指導を行ってきた。しかし，動かしてほしい場所に触れてから呼名を行うことで，動かすことができるならば，上唇の動きを育てる手立てとして「呼名前に上唇を触り，子供に動かす場所を示してみてはどうか」と考えた。「ぱれっと」にも，「子どもが意図なく『思わず』ある身体の部位を動かしてしまっている場合にも，大人が子どもの気持ちを汲んだ意味づけをしてフィードバックを重ねることで，その動きが子どもからの『意図的な』表出に変化していきます」と指摘されている。これを参考にして，動かしてほしい場所を示してから呼名を行い，表出を待つという指導に切り替えた。

C・A 指導の振り返り

(1) 児童の変容

このように働き掛けながら呼名をしても，子供が最初に上唇を動かすことは少なかった。手が動いて上唇が動く日や，足が動いて上唇が動く日，眉が動いて上唇が動く日など，様々ではあるが，クラスの教師の読み取りは「上唇を動かそうとしている子供の気持ちが，眉や手指などの他の部位を動かしてしまっている」，そして「子供にとって上唇を動かすことは容易ではない」ということで共有した。併せて，子供が上唇を動かしたときには，必ず関わる教師が上唇に触れて「今ここで応えたんだね。分かったよ」とフィードバックすることを確認した。朝の会では，まだ上唇がすぐに動くことは多くはないが，「意図的に上唇を動かして応える」ことがこの子供の表出手段となりつつある。

(2) 成果とさらなる課題

表出カテゴリー表の活用は，複数の教師が子供の表出を客観的に捉える点で有効であった。また観察から表出が読み取れなかったときに「唇に触れてから呼名する」という発想が出たのは複数担任制の強みであり，子供に対して教師が多くの視点をもつことの重要性を強く感じた。この取組後，重度・重複障害のある子供にとっての気持ちの表出とは何かを教師間で話す機会が確実に増えた。今後は，さらに応答を確実なものにしていくことが課題である。そして日々の対応が教師の独りよがりにならないよう共通理解を図りながら，子供と双方向につながっていく過程こそが，子供の指導の中で意味をもつと考えている。

〈宮本 朋子〉

📎 カリキュラム・マネジメントの視点

教育内容の質の向上に向けて，子供の様子を分析的な視点から観察・分析したデータを蓄積し，指導の改善に生かしていた。複数の教師がチームとなってデータの分析に関与し，これまでの研究上の知見を生かした指導方法の開発や仮説をもった指導の推進に努めていた。指導目標を達成するために，特定の教科における限られた時間を対象とするのではなく，一定程度の時間のまとまりを見通して実践を積み重ねた点もポイントの一つである。

1 個別の指導等におけるカリキュラム・マネジメント

自らの考えや思いを表現し，自己主張することを目指した自立活動の取組

■ 特別支援学校高等部　■ 自立活動

P-1 課題の把握

　本校高等部知的障害教育部門では自立活動の時間の指導を類型別に週2～4単位時間設け，個々の自立活動の目標を達成するため，個別の指導計画に基づき個別に学習を設定している。生徒の実態や指導目標から効果的であると考えた場合に，集団を編成して学習を展開している。本実践は高等部3年生の生徒2名の自立活動の指導である。対象生徒には，状況理解の困難さやこれまでの失敗経験に起因する人との関わりへの苦手意識が見られる。そこで，自分の思いを表現する力や人とやり取りする力を育てるために，話し方や状況に応じた受け答え等の学習に取り組んでいる。進路学習に係る施設見学や現場実習では，挨拶や返事，自己紹介，質問への受け答え等が適切にでき，学習の成果が見られたが，コミュニケーションが全般的に受け身であり，積極的に自分の気持ちを表現することや自らの考えを主張することに課題がある。

P-2 当初の指導計画

第1時	伝え方を知ろう（自己主張の意味や意義を知る）
第2時	人と話すときの姿勢や態度に気をつけよう（距離，表情，身だしなみ等を知る）

第3～8時	伝えよう（場面に応じた受け答えの方法を知り，伝え方を身につける）
	[学習活動] ・イラストを見て，どんな状況かを考える。 ・状況に合う言葉やコメントを考え，発表する（感謝，謝罪，断り方，依頼）。 ・登場人物の気持ちや心の動きを予想するとともに，その後の状況を予想し，理由を発表する。	[指導上の留意点] ・生徒がコメントをホワイトボードに記録して，見て確認できるようにし，コメントについての意見を出し合えるようにする。 ・状況や登場人物の心の動きを生徒にとって身近な場面に置き換え，自分のこととして捉え，考えられるようにする。 ・ロールプレイで役割を交代する。

第9～10時	こんな時どうする？（様々な状況への対応の仕方を知る）
	[学習活動] ・イラストを見て，立場の違いに気付く。 ・状況や立場の違いで伝え方が異なることが分かり，伝え方の工夫を発表し合う。	[指導上の留意点] ・役割や状況を示し，考えを引き出す。 ・状況を設定したロールプレイをし，言い方や態度への注目を促す。

第11時	自分から話しかけよう（5Wを活用して，簡単な会話をする）

P-3 改善後の指導計画

(1) 改善後の指導計画表

第1時	伝え方を知ろう（自己主張の意味や意義を知る）
第2時	人と話すときの姿勢や態度に気をつけよう（距離，表情，身だしなみ等を知る）
第3～4時	伝えよう（場面に応じた受け答えの方法を知り，伝え方を身につける）
第5～6時	**自分のことをよく知ろう（自分のよさや価値観に気づく）**

[学習活動]	[指導上の留意点]
・自分についての質問に答え，自分と他者との違いやその違いの大切さが分かる。 ・価値観を表す言葉や意味が分かり，自分の考えに近い価値観を見つける。 ・自分がもっている権利の種類が分かる。	・自分のよさを認識するとともに，相手を尊重する視点をもてるようにする。 ・価値観を基準にして行動することの大切さへの気付きを促す。 ・自己主張することは自分がもっている大切な権利であることを確認する。

第7～8時	**自分の行動を調整しよう（行動に責任をもつ）**

[学習活動]	[指導上の留意点]
・状況を設定し，そのときの言動で責任をもっているものとそうでないものを選別する。自分ができる具体的な言動を見つける。	・自分の言動を自分で選ぶ大切さに気付くようにする。失敗時の悔しさや怒り等の感情を出し合い，結果を受け入れる方法を探す。

第9～10時	こんな時どうする？（様々な状況への対応の仕方を知る）
第11時	自分から話しかけよう（5Wを活用して，簡単な会話をする）

(2) 改善の視点

　第3時からの「伝えよう」では，学校生活の中で生徒が苦手な状況や困難さを感じている状況を想定し，どのように受け答えをして，いかにその状況を乗り越えるかという指導を行った。しかし，指導後の学習場面や学校生活における生徒の言動に変化が見られず，消極的な関わりのままであった。状況を捉え，どうすればよいかを考えるだけでは，実際場面で自ら考えて判断し，行動したり，思いや意見を伝えたりすることは難しいと感じた。

　そこで，伝えることの難しさにある背景を探り直すことにし，これまでの個別の指導計画や進学及び進級時の引継ぎ資料等をもとに情報を再整理した。その結果，知的障害及び自閉症による状況理解や言葉の意味理解，情報処理等の困難さが確認できた。併せて，失敗経験の重なりが自分のよさやがんばりをフィードバックすることを難しくし，意欲の低下や不安感，自信がもてないことにつながっていることも確認できた。

　次に，単元の指導計画を見直し，6時間を設定していた「伝えよう」の学習を2時間に縮小し，「自分のことをよく知ろう」「自分の行動を調整しよう」を各2時間ずつ設定した。

D 指導の実際

「自分のことをよく知ろう」(第5～6時)の学習では，生徒が自分のよさや価値観に気付くことを目標にした。自分の好きなものや苦手なものをはじめ，興味や関心のあること，自分の考えや思っていること等を書き出し，自己を理解するワークに取り組んだ。書き出した内容を発表し合うことで，互いの相違に気付けるようにした。それを通して，自分を肯定的に受け止め，自信をもてるようにし，加えて，他者の意見を受け入れて他者を尊重することの大切さを確認した。また，価値観についての学習では，価値観を表す言葉を知り，自分に当てはまるものを見つけることに取り組んだ。自分という人間がどのような価値観をもっているかを知ることで，より深く自己理解ができると考えた。さらに，人には自分の意見を表明することが認められている点について知ることで，生徒が自信をもって自己主張できるようにした。

「自分の行動を調整しよう」(第7～8時)の学習では，自分の言動に責任をもつことを目標にした。自分が行ったことによる結果を受け入れ，自分で対処し，次に生かすようにすることが自己責任である。たとえ結果が失敗だとしても，適切に対処したり，何がいけなかったのか，どうすればよかったのかを振り返り，次の機会につなげようとしたりすることが大切である。ここでは生活に身近な状況(失敗した場面)でありがちな言動から，責任のあるものか，そうでないものかを分類し，どうしてそう思うのか考えを出し合うワークを行った(図1)。

図1　ワーク

また，自分の大切にしているものを壊されたときに，相手が責任のある言動で対応した場合とそうでない言動で対応した場合では，自分の感じ方がどう違うのかをロールプレイを行って体感できる機会を設定した。

生徒には，失敗経験の重なりから自信がもてなかったり，失敗を極端に嫌がったりする様子が強く見られたため，単に適切な言動やあるべき姿を伝えるのではなく，生徒の気持ちや心の葛藤を共感的に受け止めることが大切だと考えた。その上で生徒自身が考えてみよう，やってみようという気持ちになって取り組めるように，考えや思いを言語化したり，安心して発表したりできるよう支援した。取組を通して，生徒の気持ちに寄り添い支援する教師の思いや姿勢が生徒の心を育むために重要であることを確認できた。

C・A 指導の振り返り

（1） 生徒の変容

　分かっているのにできなかったことや面倒だと避けていた部分は，今の自分ができることはしようという姿勢への変化が見られるようになった。例えば，どうしたいかとの質問に対し，「別に」，「どっちでもいい」，「どっちもしたくない」と答えがちだったのが「○○ならやってもいい」，「△△がいい」と答えたり，自分なりの感想や考えを発表したりする姿が見られるようになった。価値観や意見表明についての話合いでも，「その気持ち，よく分かる」，「（意見に対して）おれもそう思う，一緒やで」と共感したり，「お前はそう思っていたんか，おれは違うで」「ぼくはやっぱり正直でいたいから」とお互いの意見の違いを見つけ，自分がどうありたいかを考えたり，発表したりする姿が見られた。

　第7時以降には，「今日は何するん？」と授業の初めに尋ねる等，意欲的に学習に参加しようとする態度が見られた。「自分だったら」と考えを発表する機会が増え，他の教科担当の教師からも，自分の考えや気持ちを主張したり，発表したりすることができるようになったとの報告があった。人と違っていて当たり前であることや，自分の言葉で自己の思いを表現し，伝えればよいと理解できたことで，自己決定や自己主張する力につながったと考える。

（2） 成果とさらなる課題

　今回の実践では，授業のつまずきから単元の指導計画の見直しにつなげることができた。過去にさかのぼって個別の指導計画や引継ぎ資料を再確認したことで，学びの困難さの背景を捉え直すことができた。指導内容を変更し，時数の調整を行ったことで，生徒の抱える困難さに対応したり，中心的な課題に迫ったりする授業が展開できた。

　自立活動の指導で付けた自己主張する力や人と関わる力を他教科と関連付けて指導することや，学校生活全般においてもその力を発揮できるように教師間で共通理解し，学習活動を工夫していく必要がある。また，学習で付けた力を卒業後の進路や余暇活動等の生活の場面において生かしたり，発揮したりする視点で指導計画を作成し，学習活動を展開することが課題であると考える。

〈宮本　真吾〉

> **カリキュラム・マネジメントの視点**
> 　学習の基盤となる自立活動の指導において，生徒の実態や個別の指導計画，過去の各種引継ぎ資料等を踏まえながら，生徒の困難さの背景を分析的に捉え，必要な課題を抽出し，課題間の関連の整理を図った。指導を展開する過程で当初，目指した姿の達成が難しい状況を踏まえ，様々なワークやロールプレイを導入し，学習効果の最大化を図った。この学びは，他の教科等にも影響を及ぼしており，より確かな力となることが期待される。

1 個別の指導等におけるカリキュラム・マネジメント
知的障害特別支援学級の カリキュラム・マネジメント
～むかしの生活を体験してみよう～

■ 小学校知的障害特別支援学級 3，4年生　■ 社会科，生活単元学習

P-1 課題の把握

　知的障害の程度が軽度の児童が主に在籍している知的障害特別支援学級（以下，「特別支援学級」）では，例えば「お世話になった地域の方に運動会の招待状を書こう」という生活単元学習に関連して，国語の授業で「手紙の書き方」の学習を行ったり，「白玉フルーツポンチを作るための買い物に行こう」という生活単元学習に関連して，算数の授業で「お金の計算」の学習を行ったりしている。しかしながら，これまで特別支援学級の生活単元学習で育まれる各教科の技能は，読み書き計算といった生活の中での実践的なスキルの獲得に偏りがちであった。

　特別支援学級では，早期から適切な支援を受けている児童も増えてきているが，家庭環境に配慮が必要な児童，心理的な課題がある児童等，多様な背景をもつ児童が在籍している。教育的ニーズの多様化に伴い，教科の学習で成果を得て達成感や充実感，満足感を見いだすことのできる児童にも対応できる授業改善が必要である。読み書き計算だけでなく，より幅広く各教科等の「見方・考え方」を働かせることにより，育成を目指す資質・能力の育成が伸長されるようにしていくことが特別支援学級の授業改善の課題である。

　多様化する児童の教育的ニーズに応じることのできる教育課程は，通常の学級との学びの連続性を図っていくことで実現できると考えられる。本実践では，社会科との関連を図った生活単元学習の授業改善を行った。

P-2 これまでの指導計画

生活単元学習「むかしの生活を体験してみよう」
【関連する教科の学習】国語科「たのしかったことをかこう」

第1～4時	昔遊びをしてみよう
	[指導上の留意点] ・羽根つき，お手玉，コマを扱う。

第5～6時	七輪を使ってみよう
	[指導上の留意点] ・小さく切ったお餅を焼く。

【国語科 第1～6時】	楽しかったことを書こう

第7〜8時	体験したことを作文に書こう
	[指導上の留意点]
	・体験したことの事柄の順序に沿って構成を考える。
	体験したことを作文に書こう
	[指導上の留意点]
	・七輪でお餅を焼く順序をメモに書いてから，原稿用紙に清書する。

P-3 改善後の指導計画

（1） 改善後の指導計画表

生活単元学習「むかしの生活を体験してみよう」

【関連する教科の学習】社会科「むかしの生活と道具」

【育成を目指す資質・能力】

・生活の道具が時間の経過に伴い，移り変わってきたことを理解する。（知識）
・生活の道具の変化を考え，表現する。（思考力，判断力，表現力）

【社会科 第1時】	家にはどんな道具があるのだろう
	[指導上の留意点]
	・家庭には，どのような道具があるか，リビングの写真を基に考える。
【社会科 第2時】	道具の年表を作ろう
	[指導上の留意点]
	・3枚の写真（白黒テレビ，ブラウン管テレビ，薄型テレビ）を古い順に並べる。
【社会科 第3〜4時】	家の人にインタビューしよう
	[指導上の留意点]
	・インタビューシートを持ち帰り，どの道具を使ったことがあるか等について家族にインタビューをする。
	・インタビューの結果を発表する。
	※【国語科との関連】体験したことの事柄の順序に沿って構成を考える。
【生活単元学習 第1〜4時】	昔遊びをしてみよう
	[指導上の留意点]
	・はねつき，お手玉，コマを扱う。
【生活単元学習 第5〜6時】	七輪を使ってみよう
	[指導上の留意点]
	・小さく切ったお餅を焼く。
【社会科 第5〜6時】	むかしの道具と今の道具

[指導上の留意点]
・七輪と電子レンジを比べる。 ・自分が興味をもった道具の今と昔を比べる。

（2） 改善の視点

　生活単元学習「むかしの生活を体験してみよう」は，昔遊びや，七輪を使ったお餅焼きなど，日本の文化を体験する学習である。はねつきなどの昔遊びをしたり，七輪でお餅を焼いたりして，「うまくできた」，「自分でできた」と実感できたことの作文を書く一連の活動である。改善後の指導計画では，社会科「むかしの生活と道具」との関連を図ることができるように単元を配列した。社会的な見方・考え方では，この単元は児童にとって初めての歴史（時間的な視点）に関する内容であり，年代ごとの生活の道具の移り変わりという社会的事象に着目して，事実等に関する知識を習得し，それらを比較，関連付けする資質・能力を育成することが必要である。

D 指導の実際

　社会科の第2時「道具の年表を作ろう」では，「テレビ」を取り上げた。白黒テレビ，ブラウン管テレビ，薄型テレビの3枚の写真を用意し，古い順番に並べる活動を行った。他にも「電話」や「洗濯機」等を取り上げた。

　社会科の第3～4時「家の人にインタビューしよう」では，第2時で使用した生活道具の年表をワークシートにし，「おうちの人が小学生のときに，すきだったテレビ番組はなんですか？」，「おうちの人が小学生のとき使っていた電話のとくちょうはなんですか？」と，家族にインタビューする課題を設定した。

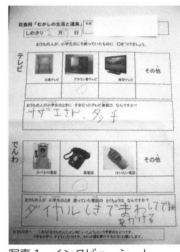

写真1　インタビューシート（社会科）

　ここまで社会科の学習活動を行った後，生活単元学習の第1～4時で，はねつき，コマ回し，お手玉といった昔遊びを行い，昔の遊び道具を実際に体験し，「うまくできた」，「楽しくできた」と実感できるようにした。

　生活単元学習の第5～6時では，七輪でお餅を焼く体験学習を行った。「マッチを使って火をおこすにはどうしたらよいか」，「お餅が焦げないようにするにはどうしたらよいか」，「火傷しないで安全に行うためにはどうしたらよいか」等，課題解決に向けた学習を

写真2　七輪で火をおこす（生活単元学習）

設定した。この授業の後,「お餅がうまく焼けた」,「おいしかった」という達成感の声だけでなく,「七輪は昔の道具だね」,「七輪が進化して電子レンジになったのかな」と考えた児童もいた。生活単元学習の中で,生活道具の移り変わりという社会的な見方・考え方を働かせていたと言える。

C・A 指導の振り返り

(1) 児童の変容

社会科の第5～6時では「むかしの道具と今の道具」を比較,分類する学習活動を設定した。第5時では「七輪が進化して電子レンジになったのかな」と考えた児童の発言を生かし,料理をするときに使う道具の「むかし」(七輪),「いま」(電子レンジ)を比べ,特徴やどちらが便利か,その理由をみんなで考えた。

第6時では,それぞれの興味や関心に応じて調べてみたい生活の道具を自分で選び,調べてまとめる学習を行った。指導に当たっては,個別の能力に応じたワークシートの教材を準備した。

例えば,電話機の「むかし」と「いま」を調べてまとめた児童は,黒電話とスマートフォンの特徴を比べ,「スマートフォンのほうが便利です。理由は

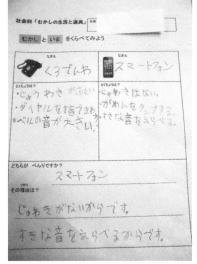

写真3　第6時のワークシート（社会科）

受話器がないからです。好きな音を選べるからです」と両者を比較した上で,どのように電話機が変化していったのかを考えることができた。

(2) 成果とさらなる課題

特別支援学級が生活単元学習の中で,生活に生かすことのできる力を育成してきた実績を踏まえつつ,新学習指導要領に示されている各教科等の見方・考え方を基にした「主体的・対話的で深い学び」を,多様化する児童の実態に合わせて提供することができるようにしていくカリキュラム・マネジメントが今後の課題である。

〈増田 謙太郎〉

カリキュラム・マネジメントの視点

教科別の指導と各教科等を合わせた指導の目標や内容を明確にし,相互に関連付けながら指導を行うことにより,資質・能力を確実に育成できるよう実践が展開された。単元の設定や実施時期について,教科等横断的な視点から計画的に組み立て,社会的な見方・考え方を働かせ,時間の経過とともに生活道具等が移り変わったことへの気付きを促した。思考する場面では,比較したり関連付けたりしやすくなる教材の工夫も参考にしてほしい。

1 個別の指導等におけるカリキュラム・マネジメント

個人内の発達の状況を踏まえた支援の改善
~教科をまたいだ支援の実施~

■特別支援学校高等部1年　■教科等間の連携

P-1 課題の把握

　高等部設置校として，これまで，卒業後の自立と社会参加を見据えて職業教育を重視し，将来の職業生活に必要な知識や技能，態度が身に付くよう取り組んできた。特に，生徒が学習集団の中で役割をもつようにし，求められている活動を遂行して，活動後に達成感や成就感を得られるようにすることにより，自発的に活動に取り組める意欲を育んできた。

　一方で，本稿の対象となる生徒については粗暴な発言が目立ち，教師や友達と対立するような状況が日常的に続いていた。粗暴な発言がいけないことは十分に理解できるはずの当該生徒が，なぜやめないのかを教師は理解できておらず，ただ叱責の繰り返しとなっており，改善の糸口をつかめていなかった。

P-2 当初の個別の指導計画（抜粋）

国語	
[指導目標]	[指導上の手立て]
・経験した事柄を順序立て，400字程度の作文を書けるようになる。 ・話の要点を落とさないように聞き取ることができるようになる。	・書く内容について，ワークシートを使って事前に整理する。 ・メモを取りながら，相手の話を聞くようにする。

職業	
[指導目標]	[指導上の留意点]
・作業をするときに，分からないことがあれば自ら質問できるようになる。 ・自分に分担された作業が終了したら，自ら報告できるようになる。 ・作業後の日報の記入を丁寧かつ正確に書けるようになる。	・分かっていない様子が見られるときには，主たる授業者に対して質問をするように促す。 ・手元に置き参照する手順表の中に，報告することを書き入れる。 ・先に丁寧に書くよう助言した上で，字が乱れてきたら，そのことに気付けるよう注意を喚起する。

情報	
[指導目標]	[指導上の手立て]
・パーソナルコンピュータを使って，簡単な文書の作成や保存ができるようになる。	・ローマ字入力の仕方と，ホームポジション（キーボードへの指の置き方）を並行して伝えていく。

P-3 改善後の指導計画

(1) 改善後の指導計画表

国語	
［指導目標］ ・経験した事柄を順序立て，400字程度の作文を書けるようになる。 ・話の要点を落とさないように聞き取ることができるようになる。	［指導上の手立て］ ・<u>教師との対話を通して書く内容を事前に整理する</u>。 ・相手の話を聞き，<u>要点と思った単語を一つメモするようにする</u>。

職業	
［指導目標］ ・作業をするときに，分からないことがあれば自ら質問できるようになる。 ・自分に分担された作業が終了したら，自ら報告できるようになる。 ・作業後の日報を，<u>パーソナルコンピュータを使って作成する</u>。	［指導上の留意点］ ・<u>「先生，質問があります」という表現になじみ，使う経験を増やす</u>。 ・質問と同様に，<u>報告の表現を練習し，実際に使う経験を増やす</u>。 ・<u>助詞の適切な使い方を，作成の過程でそのつど助言する</u>。

情報	
［指導目標］ ・パーソナルコンピュータを使って，<u>日記を作成して提出できるようになる</u>。	［指導上の手立て］ ・<u>タッチタイピングの練習を取り入れ，効率的に入力できるようにする</u>。

(2) 改善の視点

　当該生徒の知的障害の程度は軽度であり，身の回りの処理はもちろんのこと，生活上の多くの場面で暦年齢にほぼ相応した行動を取ることができる。一方で，会話を中心に粗暴な発言を行い，教師から叱責を受けたり奮起を促されたりすることが多く，そのことに対してさらに粗暴な発言をしたり，自己に対して否定的な発言をしたりするなどの悪循環に陥りつつあった。

　こうした状況を受け，改めて当該生徒についてアセスメント（多面的な実態把握）を行ったところ，他の側面における発達の状況と比較して，言語に関しての発達がやや緩やかであり，特に，自由に使いこなせる言葉の数が少ないことが分かった。この結果を受け，個別の指導計画を見直したところ，言語に関しての支援の手立てが必ずしも当該生徒に適合したものにはなっていないことが判明し，必要な修正を行うことにした。

　言語に関しての支援を改善する上では，関係する多くの授業者の協力を得る必要がある。そこで，担任がそれぞれの教科の授業担当者と話し合う場をもち，当該生徒の実態について情報を共有した。その上で，①当該生徒の粗暴な発言をただ否定するのではなく，真意を一緒に引き出していくこと，②まずは定型的な会話表現を，自信をもって使えるようにすること，③書き言葉を活用して，当該生徒が周囲と適切にコミュニケーションを取る機会を増やしていくこと，を改善策として考えた。

D 指導の実際

(1) 当該生徒の粗暴な発言をただ否定するのではなく，真意を一緒に引き出していく

　当該生徒が粗暴な発言をするたびに，そういう言い方はよくないことを穏やかに指摘しつつも，本当はどのようなことを伝えたかったのか聞くようにした。言葉をまとめて自分の考えを表現することが苦手であることを踏まえ，断片的にでも発した言葉を教師は受け止め，そこから真意を引き出していくような接し方を行うように努めた。

　国語の作文では，ワークシートを使って書く内容を事前に自分で考えて整理することになっていたが，教師と対話しながら内容をワークシートに整理するよう変更した。これに限らず，他の授業においても，教師との対話を通じて，自分の言いたいことを伝えることができる経験を積めるようにした。

　また，日常的な関わりの中で，「はい」か「いいえ」で答えられる質問も多くし，適切なやり取りが成立する場面を増やすようにした。

(2) まずは定型的な会話表現を，自信をもって使えるようにする

　質問と報告について，定型の表現を当該生徒と決め，作業等を伴う授業において積極的に使うように促した。生徒の声が小声であっても，教師は言い直しをさせず，質問や報告をしっかり受け止めるようにした。この繰り返しの中で，次第にしっかりした声で質問や報告が行えるようになってきた。

　一方，国語で予定していた，メモを取りながら相手の話を聞き，会話をするという学習については，当該生徒の使いこなせる言葉の数が限られていることから，要点を1語書くように変更した。他の授業においても，言語に関する力が試されるような課題については，当該生徒がある程度こなせるよう，課題の難易度の調整や，個別の支援を行うなどした。

　定型的な会話表現は身に付いてきたものの，友達との会話では柔軟にコミュニケーションが取れず，粗暴な発言は減らなかった。教師は間に入り，当該生徒の真意を引き出すなど，(1)についての支援を行い，当該生徒の自己肯定感が下がらないよう配慮した。

(3) 書き言葉を活用して，周囲と適切にコミュニケーションを取る機会を増やしていく

　当該生徒はパーソナルコンピュータにおけるローマ字入力をすぐに身に付けることができた。手書きの文章と異なり，推敲が自在にできるため，当該生徒に合った表現方法であることが分かった。そこで，情報科の授業では日記を打って提出するようにしたり，職業科の授業では日報を手書きから変更したりするなどして，当該生徒がより抵抗感なく自分の考え等を表現できる場面を増やした。

　パーソナルコンピュータを使って文章を作成する際に，助詞の使い方が誤っているときを捉えて，教師が周囲の生徒に気付かれないようにしながら，そっと修正を促すようにした。好きな入力の場面ということもあってか，教師からの指摘を粗暴な発言で返すことなく，素直に受け止めることができた。

C・A 指導の振り返り

（1） 生徒の変容

自分から教師に対して積極的にコミュニケーションを取るようになり，教師の説明にも注意を傾ける様子が見られるようになってきた。質問や報告などの定型的なやり取りは自信をもって行えている様子が見え，その自信が他のコミュニケーションを行う場面での積極性にもつながっているようである。

教師に向かって「お前」などと粗暴な発言をしてしまうことはまだある。しかし教師が，そっと「先生……」と適切な表現を伝えると，自分から言い直す場面も見られるようになってきた。自分の発言に修正を求められることに対する抵抗感が薄らいできたようである。

友達に向かって粗暴な発言をしてしまったときに，教師に向かって「謝ったほうがいいかな」と聞けたこともあった。教師に叱られて謝らされていたときよりも，そのときの状況において，自分が何をすべきかを考えられるようになってきた。

（2） 成果とさらなる課題

当初は，知的障害の程度が軽い生徒という見立てに惑わされ，当該生徒の個人内の発達の状況を細かく把握できていなかった。教師がそのことを自覚，反省し，当該生徒に見合った支援を行うようにしたことが効果的であった。

当該生徒の発達の状況を分析し，可能な限り粗暴な発言に至らせないような指導を徹底できたことがよかった。ただ発言を制止していただけでは，この状況を改善することはできなかったと考える。

また，当該生徒が質問や報告を適切にできないのは，当該生徒の学習への意欲が低いからではなく，他者とのコミュニケーションが得意でなく，かつ，自信もないという理解に基づき，適切にコミュニケーションを取れる場を多く設けたことも効果的であった。

言語に関する支援からは離れるが，褒めるときは皆の前で，叱るときは個別に呼んで行うように徹底したことにより，当該生徒の自尊心に配慮できた。

一方，今回は担任だけでなく，関わる教師全てが同じ考えのもとで指導・支援を改善していく必要があった。今後こうした場合において，校内の既存の組織等を活用し，必要な連絡調整を行う機会を定期的に確保していけるようにすることが課題である。

〈中村 大介〉

> **カリキュラム・マネジメントの視点**
>
> 生徒の課題となる行動について，個別の指導計画を検討する際に実施したアセスメントに基づき，必要な指導上の手立てを改善し，効果的な指導を実施した事例である。言語機能に関するアセスメント結果が，担任のみならず教科等の担当者と話合いの場をもって共有され，生徒の言動の背景と要因を引き出すことが確認されたことで，生徒の変容を促した。カリキュラム・マネジメントを促進する要因としての場づくりや関係づくりが機能している。

2 授業改善を目指したカリキュラム・マネジメント

学校生活を彩る単元の再構成
～運動会グッズづくり　みんなで盛り上げよう～

■特別支援学校中学部2年　■美術

P-1 課題の把握

　生徒たちが日々の美術活動の中で，様々な形や色彩，材料などに触れ，それらの特徴を感じながら自分なりによいと思うものを表現できる力を育てるために授業づくりに取り組んできた。版画や粘土造形，木片を使った立体構成，写真を使った平面構成，色水を活用した和紙染など，なるべく多くの素材や用具に触れられるように単元を計画している。授業ごとに生徒たち自身が制作風景を写真のスライドで振り返る中で，表現方法の多様性を理解したり，紙や木材，粘土，スチレンなどの素材の特徴を生かし，表現方法の工夫が見られたりするようになってきた。一方，ここで得た知識や技能などを含め，表現したものを生かせる場が美術という授業の枠の中だけにとどまってしまっているのではないかという課題を感じていた。美術活動の中で得たものを「生活の中で生かし，よりよい人生を送る」という「学びに向かう力」や「人間性」を育てる場の設定が十分ではないと自己の授業を振り返り，課題として設定した。作品の中で自己を表現するというだけの側面で美術を捉えるのではなく，学校生活を彩るための芸術の一環という感覚を生徒が抱き，心豊かな生活を形成する態度の育成につながるような単元の構成が必要と考え，単元の再構成を行った。

P-2 これまでの指導計画

第1時	マイメダルづくり（素材：陶土）　いろいろなメダルを見てみよう

[学習活動]	[指導上の留意点]
・歴代の夏季，冬季オリンピック・パラリンピックのメダルを鑑賞する。	・投影機を活用し，メダルを大きなサイズで鑑賞し，デザインの違いに気付き，注目できるようにする。
・制作過程の動画を鑑賞する。	・制作過程の動画を見て，材料や用具の正しい扱い方を理解できるようにする。
・参考作品を手に取り具体的なイメージをもつ。	・完成品を手に取り，見通しをもてるようにする。

第2～4時	マイメダルづくり　マイメダルのデザインを考えよう
第5時	マイメダルづくり　マイメダルを磨こう
第6時	マイメダルづくり　マイメダルに釉薬をかけよう
第7時	マイメダルづくり　マイメダルを鑑賞しよう

P-3 改善後の指導計画

（1） 改善後の指導計画表

第1時	運動会ポスターづくり
第2〜3時	運動会掲示物づくり
第4〜5時	運動会応援グッズづくり（応援うちわづくり）
第6〜7時	運動会応援グッズづくり（万国旗づくり）
第8〜9時	運動会コラージュづくり
第10〜11時	運動会メダルづくり（素材：陶土）　頑張った自分にメダルを贈ろう

・運動会のスライド動画を見る。	・掲示物の様子や，各々ががんばった様子に注目できるように言葉かけをする。
・歴代の夏季，冬季オリンピック・パラリンピックのメダルを鑑賞する。	・投影機を活用し，メダルを大きなサイズで鑑賞し，デザインの違いについて注目できるようにする。
・制作過程の動画を鑑賞する。	・制作過程の動画を見て材料や用具の正しい扱い方を理解できるようにする。
・参考作品を手に取り具体的なイメージをもつ。	・完成品を手に取り，見通しをもてるようにする。

第12〜13時	運動会メダルづくり　メダルのデザインを考えよう

・メダルのデザインを考える。	・自分のがんばったことなどをデザインに反映できるよう例示したり，言葉かけをしたりする。

第14時	運動会メダルづくり　メダルを磨こう
第15時	運動会メダルづくり　メダルに釉薬をかけよう
第16時	運動会メダルづくり　メダルを鑑賞しよう

（2） 改善の視点

　従来の指導方法では，何のために作るのかというイメージをもちづらく，オリンピック・パラリンピックのメダルのデザインから受けた印象で制作が進むことが多かった。なぜ作るのかという動機や生活との関連と内発的な動機に基づくデザインが生まれづらい課題の提示方法に原因があると単元の構造を分析した。そこで，メダルづくりを運動会行事関連のグッズづくり単元の中に組み込み，単元のゴールとすることで，がんばった自分への贈り物というイメージのもちやすい課題の提示方法に変更をし，再構成を行った。メダルづくりをする前に生徒たちの運動会での様子や掲示物の様子なども併せて鑑賞する中で，自分たちの美術作品がどのような形で生活を彩ったかを振り返り，主体的な制作意欲や生活への汎化の見通しがもてるようにもした。

D 指導の実際

　美術活動の中で得たものを生活の中で生かし，よりよい人生を送るという「学びに向かう力」や「人間性」を育てる場の設定を目指し，単元の指導を行っていった。今回の単元の最初の活動になった写真1の運動会ポスターづくりでは，運動会のイメージをもてるよう，これまでの写真や画像を提示し，目的をもってポスター制作ができるようにした。生徒たちは，万国旗が描かれた絵を多数制作した。生活経験の中で，万国旗と運動会が結び付いていることがうかがえた。

写真1　運動会ポスター

　写真2の運動会掲示物は，会場内の「保護者席」や「放送席」，「用具置き場」，「立ち入り禁止場所」を来校者に示すものとして制作した。来校者に正確にイメージを伝えることを大切にしたので，具体的なイラストを切り抜いて装飾する活動にしている。

写真2　運動会掲示物

　写真3の運動会応援グッズは，応援合戦や競技の応援時に使えるものとして制作した。うちわの骨に貼る色付きの和紙やステッカーを自ら選択，決定し，貼り付けて制作した。

写真3　運動会応援グッズ

　写真4の運動会万国旗づくりは色水と和紙を使った折染で作成した。折り方により変わる模様を楽しんだり，期待したりして制作することができた。

写真4　運動会万国旗

　写真5の運動会コラージュは写真を見て振り返るとともに，競技をする友達の写真を応援している自分の姿を組み合わせるなど，自分の気持ちを作品上に表現することにもつながっている。

写真5　運動会コラージュ

　上記写真1～5の活動を経た後に写真6のメダルづくりがあることで，メダルづくりに対する生徒の主体性や関心・意欲が向上したと考えられる。単元の組み方次第では美術が生活に彩りを与え，よりよいものを作って楽しんだり，生活の質を高めたりして，学びに向かう姿勢と態度を向上させる結果になるということを実感することができた。

写真6　運動会メダル

C・A 指導の振り返り

（1） 生徒の変容

　改善前の単元では，オリンピック・パラリンピックとの関連性をもたせ，メダルに施された装飾の形に注目し，粘土の可塑性を生かしたデザインの面白さを味わうことをねらいとしていたが，単元としては，美術の授業の枠内だけで，生徒の興味や関心が作品づくりに完結していた印象があった。一方，改善後には，運動会という一つの行事を自分たちで盛り上げ，またがんばったという経験を経た後での制作となったため，作品を作る目的や見通しがより明確となり，作品のデザインにも多様性が出てきたように感じる。例としては，メダルに自分の氏名を刻印したり，自分を示したい気持ちをデザインに取り入れたり（名前に「山」が入っていた生徒だったため，山の形をメダルに取り込んでいた。写真6右），メダルに西暦と学校名を刻印したりする生徒が出てきた。メダルづくりだけに焦点を当てず，運動会を通して自らの学校生活をより豊かにするという，美術科の授業内だけで完結しない単元づくりをすることにより，生徒の活動に主体的な行動や学びに向かう態度の質的向上が見られた。

（2） 成果とさらなる課題

　まず，今回の改善に当たり，運動会の掲示物や万国旗を会場に飾ることに校内の教職員の理解を得たことが大きなポイントであった。掲示物に関しては，校内で大きさや場所など組織的に検討したことで，授業のイメージが大きく膨らんだ。また体育科の教師が作成した運動会のVTRを活用することで，運動会のためのメダルを自分たちが作るのだというイメージを強くもてた生徒も多数いた。美術を美術科の授業の枠内だけで完結させないためには，やはり他教科の教師や学校組織との連携が不可欠であると感じさせられた。

　今後の課題としては，メダルの素材の検討である。陶芸作品には焼成までの期間が必要であり，運動会の記憶が新しい内での完成が難しい。また，今後は近隣施設，例えば商店街などと連携して美術活動を通した行事等を計画することで，さらなる生徒の学ぶ姿勢や地域の方々との対話，人間関係の充実・伸長が望めるようになるのではないかと考えている。

〈三上 宗佑〉

カリキュラム・マネジメントの視点

　生徒が学習することの意味や意義を見定め，生活との関連を意識できるよう，単元の構成を改善した事例である。学校行事との関連を図り，より豊かな学校生活へとつなげられるよう，掲示物づくりやグッズづくり等が行われた。また，学校行事へのイメージを鮮明に抱かせる工夫により，思いや考えを膨らませ，創造的な造形活動や鑑賞活動が展開されている。教職員の共通理解のもと，これらが有効に活用されて学習効果を高めた点が重要である。

2 授業改善を目指したカリキュラム・マネジメント

いろいろな計算をしよう
～小数や割合で比べよう～

■ 特別支援学校高等部　■ 数学

P-1 課題の把握

　本実践の学習グループは，高等部1～3年の8人の生徒で構成されている。これまでの学習を通して4位数以上の加法や減法の意味が分かり，生活の様々な場面で筆算を用いて計算できることが増えてきた。乗法や除法については，「×」や「÷」の記号を使った計算式の表し方が分かり，「ペットボトルに入った飲み物を○人で等しく分けるためには割り算で量を求めることができる」など，目的に応じて立式したり計算機を使って計算したりすることができるようになってきた。また，学習に取り組む際には，学習プリントを綴じたファイルで学習してきたことを振り返る姿や，友達と自他の考えを伝え合いながら方略を考えたり教材・教具を操作したりして課題解決に向けて取り組む姿が見られるようになってきた。

　そこで，これまで整数を中心に取り扱ってきた学習に加えて，小数や分数の意味や表し方，割合による比較の仕方などについて学習することにした。生徒たちは，「自分の靴のサイズ」や「食べ物の等分」，「消費税」など，生活の中で小数や分数，割合を使った表記を読んだり書いたりする姿が見られた。しかしながら，小数で表された数の大小比較や，具体的な数量同士の関係を割合で表すこと，割合を基に具体的な数量を求めることなどは難しく，生活の中で小数や分数，割合を十分に生かすまでには至っていなかった。

P-2 当初の指導計画

第1～3時	小数による数量の表し方を知り，長さやかさ，重さなどを単位に応じて適切な数量で表したり，比較したりする。

[学習活動]	[指導上の留意点]
・測定用具の目盛りを手掛かりにして，単位に応じた正しい数量で表す（必ず小数を用いて表す設定にする）。 ・小数で表された数値だけを手掛かりにして，複数の具体物を長短や多少，重軽などの順で並び替える。	・目盛りの付き方に注目を促し，0.1は1を10等分したときの一つ分であることに気付くことができるようにする。

第4～8時	様々な事象の数量関係を割合で表したり，割合で比較したりする。

[学習活動]	[指導上の留意点]
・紐の全体の長さと，等分したときの一つ分の長さの関係を割合で表す。 ・1～12月の各月の土・日曜日，祝日が占める割合を求めたり，比較したりする。 ・様々な乗り物の乗車定員と乗車人数から乗車率を求めたり，比較したりする。	・紐に色を塗るなど，基準量と比較量の関係を視覚的に捉えやすくする。 ・生徒にとって身近な事象を取り扱うことで，具体的な場面等を想起しながら課題に取り組むことができるようにする。

第9～12時	友達と地図や模型の縮尺を基に実際の距離や実物の大きさなどを計算して結果をまとめたり，計算した結果と実際に測定した結果を比較したりする。

P-3 改善後の指導計画

（1） 改善後の指導計画表

第1～3時	小数による数量の表し方を知り，長さやかさ，重さなどを単位に応じて適切な数値で表したり，比較したりする。

[学習活動]	[指導上の留意点]
・測定用具の目盛りを手掛かりにして，単位に応じた正しい数量で表す（必ず小数を用いて表す設定にする）。 ・小数で表された数値だけを手掛かりにして，複数の具体物を長短や多少，重軽などの順で並べ替える。	・目盛りの付き方に注目を促し，0.1は1を10等分したときの一つ分であることに気付くことができるようにする。 ・示された数値を数直線上に表すことで，大小関係を確認することができるようにする。

第4～8時	様々な事象の数量関係を割合で表したり，割合で比較したりする。

[学習活動]	[指導上の留意点]
・紐の全体の長さと，等分したときの一つ分の長さの関係を割合で表す。 ・1～12月の各月の土・日曜日，祝日が占める割合を求めたり，比較したりする。 ・様々な乗り物の乗車定員と乗車人数から乗車率を求めたり，比較したりする。	・紐に色を塗るなど，基準量と比較量の関係を視覚的に捉えやすくする。 ・基準量と比較量の関係をゴム紐に色を塗って示すことで，具体的な数量が変化しても割合は変わらないことや，基準量や比較量が異なる場合でも，割合で比較することができることを捉えやすくする。 ・生徒にとって身近な事象を取り扱うことで，具体的な場面等を想起しながら課題に取り組むことができるようにする。

第9～12時	友達と地図や模型の縮尺を基に実際の距離や実物の大きさなどを計算して結果をまとめたり，計算した結果と実際に測定した結果を比較したりする。

（2） 改善の視点

　ここでは，改善を図った指導計画のうち第4～8時で行った取組について述べる。

　様々な数量関係を割合で比較するためには，「割合で表す」とはどのようなことなのか，生徒たちが理解できるようになることが大切であると考えた。そこで初めに，長さが異なる紐をそれぞれ5等分し，切る前の長さと切った後の一つ分の長さの関係を割合で表す活動を設定した。この活動では使用する紐の長さは異なるが，全て5等分するので切る前の

長さと切った後の一つ分の長さの割合は等しくなる。しかしながら，切った後の紐の長さが長い順に「割合が大きい」と回答する生徒たちが多かった。これは，紐のどの部分の長さが基準量や比較量に当たるのかが分かりにくかったり，割合とは基準量と比較量の関係を表したものであるということが理解しにくかったりした（生徒たちは比較量同士を比べていた）からであると考えた。そこで，ゴム紐やバネなど伸縮によって長さが変化するものを教具として用いることで，基準量と比較量が異なる場合でも，等分の仕方が同じであれば割合が変わらないことを捉えやすくなるのではないかと考えた。

D 指導の実際

前述の学習では初めに，100cm，80cm，60cm，50cmの長さが異なる紐を生徒に提示して，それぞれ5等分することを伝えた。生徒たちはこれまでの学習から「5等分するということは，それぞれの長さを5で割ればいい」ということが直ちに分かり，切った後の一つ分の長さがそれぞれ20cm，16cm，12cm，10cmになることを計算で導くことができた。このとき，提示した紐にも5等分することが分かるように印を付けたり，等分した長さの一つ分に色を塗ったりすることで，基準量（全体の長さ）と比較量（等分した部分の長さ）の関係を視覚的に捉えやすくする手立てを講じた。しかしながら，実際の長さが異なるため，全て割合が同じになるということを理解することが難しい様子が見られた。そこで，それまで使用していた紐をゴム紐に変え，同様の活動を行った。ゴム紐は引っ張る力

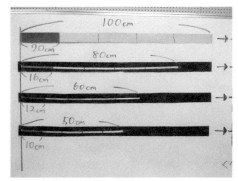

写真1 ゴム紐を伸ばす前

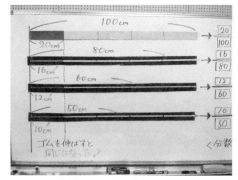

写真2 ゴム紐を伸ばした後

に応じて全体が均一に伸縮する。そのため，ゴム紐全体の長さが異なっていても，引っ張って同じ長さにすることで，等分した部分の長さも同じになることを視覚的に示すことができた（写真1，2）。さらに，生徒たちがペアの友達と自由にゴム紐を伸縮させ，ゴム紐全体と色が付いた部分の任意の長さを測定し，その関係を割合で表す活動を設定することで，基準量と比較量が変化しても割合は常に同じであることを確認することができた。

C・A 指導の振り返り

（1） 生徒の変容

　生徒たちは，教師がゴム紐を伸縮させることによって全体の長さと等分した部分の長さが変化する様子などを見て，「赤い部分（等分した部分）の長さが一緒になりました」ともともと異なる長さであったゴム紐が基準量を揃えることで比較量も同じになることに気付く様子が見られた。さらに，友達とゴム紐を自由に伸縮させて任意の長さを測定し，その結果を割合で表す活動を通して，測定する部分を友達と指さしながら「全体はこの長さ」「部分はこの長さ」のように確認し合う姿や，「『比較量÷基準量』をすると，ゴム紐の長さが変わってもすべて 0.2 になりました」と割合が同じになることをまとめたりする姿が見られた。この活動を通して，割合とは基準量と比較量との関係を表しているということや，「比較量÷基準量」をすることで，どのような数量同士の比較であっても基準量を「1」としたときの比較量の値が示されていることなどに気付くことができたと考える。さらに，その後の授業で設定した生活の様々な事象を割合で表し，比較する活動や，縮尺・拡大して示されているものから実際の数量を調べる活動などでも，どの数量が基準量や比較量に当たるのか考え，友達と確認し合うなど，この活動で学んだ割合の基本的な考え方を生かす姿が見られた。

（2） 成果とさらなる課題

　小数から具体的な数量を想起することや，割合とは数量同士のどのような関係を表しているのかイメージをもつことの難しさに対して，数直線やゴム紐などを使って数量や数量同士の関係を視覚化することが有効であった。したがって，割合のように抽象的な思考が求められる内容ほど，生活における具体的な事象を扱ったり，生徒たちが自ら教材・教具等を操作したりすることで，生徒が学びの主体となり，具体的思考と抽象的思考を往還させながら学習できるようにすることを大切にしたい。

〈上仮屋 祐介〉

> **カリキュラム・マネジメントの視点**
> 数学的な見方・考え方を働かせて小数や割合の意味を考え理解するとともに，生活の中で具体的な事象として理解したり，実際に活用したりすることを企図した学習が組み立てられた。割合が基準量と比較量の関係を表したものであることの本質的な理解を図るために，ゴム紐という教材を活用した点がポイントである。割合の考え方を生徒の生活経験と結び付けていくことや，「データの活用」などの領域間の関連を図る工夫も可能となる。

2 授業改善を目指したカリキュラム・マネジメント

よりよい作物や製品を目指して主体的に課題解決する力の育成を目指す作業学習の取組
〜地域と協働したブランド野菜「白神ねぎ」の栽培と加工・販売〜

■ 特別支援学校高等部1〜3年　■ 作業学習（農園芸班）

P-1 課題の把握

　秋田県立能代支援学校は，「拓く」を学校教育目標に掲げ，児童生徒の自立と社会参加を目指して計画的に地域での教育活動を展開している。作業学習においても，地域人材を活用して作業製品の品質向上を図り，アンテナショップや清掃・除雪作業等を通した地域交流・貢献活動を行ってきた。生徒はよりよい製品を作ったり，地域の役に立つことを実感したりすることで意欲が向上し，作業学習に主体的に取り組む姿勢の育成や体力の向上など，働く上で基礎となる力を身に付けてきた。一方で，状況の変化に対応し，よりよく働くことができるよう他者と意見を交換したり，自ら考えたりしながら課題解決を図ったり，既習の知識や技能を活用して工夫したりする力の育成が共通の課題であった。

P-2 これまでの指導計画（農園芸班「ねぎの栽培と販売」）

第1〜2時	土作り
[学習活動]	[指導上の留意点]
・根気よく堆肥を運び施肥する。	・作業方法や留意点を視覚的に示す。

第3〜6時	播種・定植
[学習活動]	[指導上の留意点]
・ねぎの播種や収穫の時期を覚える。 ・播種の方法を覚え，指示どおりに行う。 ・均一の深さで溝を掘り，定植する。	・必要に応じて，個別の作業指示書を示す。 ・溝の深さや定植の間隔を一定に作業できるように視覚的に示す。

第7〜14時	栽培管理
[学習活動]	[指導上の留意点]
・除草，追肥等を指示どおりに行う。	・栽培日誌により，観点を定めて観察できるようにする。

第15〜20時	収穫
[学習活動]	[指導上の留意点]
・収穫と畑の片付けを行う。 ・処理，計量，選別等を行う。	・規格どおり選別できるように，判断基準や留意点を視覚的に示す。

第21〜24時	販売
[学習活動]	[指導上の留意点]
・販売準備，売上の計算をする。	・販売の仕方や留意点を話し合い，演習を通して確認し合う。

第25～26時	振り返り

[学習活動]	[指導上の留意点]
・作物や販売の評価をする。 ・個人目標の評価をする。	・作物の品質と天候，作業活動の関連に気付くようにする。 ・作業日誌により改善策を立てる。

P-3 改善後の指導計画

（1） 改善後の指導計画表（作業学習「ブランド野菜『白神ねぎ』の栽培と加工・販売」）

【生活単元学習】 第1～6時	ブランド野菜「白神ねぎ」の取材

[学習活動]	[指導上の留意点]
・資料，書籍，インターネットや見学及びインタビューにより取材する。 ・分かったことを壁新聞にまとめる。	・ブランドの規格や調理方法の他，「全国ねぎサミット」も取り上げる。 ・学習班で活動し，全体で共有する。

第1～2時	土作り

[学習活動]	[指導上の留意点]
・土壌分析に基づき圃場選定を行う。	・農業技術センターから指導を受ける。 ・分析から気付いたことを話し合う。

第3～5時	播種・定植

[学習活動]	[指導上の留意点]
・ねぎの播種や収穫の時期を覚える。 ・農業機械を安全に操作する。	・農業技術センターから指導を受ける。 ・必要に応じて，機械の操作手順書を活用するよう促す。

第6～10時	栽培管理

[学習活動]	[指導上の留意点]
・栽培するための要点（土寄せや防除のタイミング）を理解する。	・農業技術センターから指導を受ける。 ・観察日誌をもとに，効率的な方法について考え，共有する機会をもつ。

第11～35時	収穫・検品

[学習活動]	[指導上の留意点]
・収穫と畑の片付けを行う。 ・処理，計量，選別等を行う。	・農業技術センター等から指導を受ける。 ・規格に基づき選別を行うとともに，良否の判断基準を共有する。

第36～41時	販売・納品

[学習活動]	[指導上の留意点]
・販売準備，売上計算を行う。	・飲食店への納品や販売の仕方の留意点を話し合い，演習を通して確認し合う。

【他の作業グループ】 第1～35時	加工品の開発

[学習活動]	[指導上の留意点]
・企画・開発会議に参画する。 ・試作する。 ・レシピを作成する。 ・加工業者への依頼，納品を行う。	・市観光課や農業振興課，観光協会，事業所，高校生等との会議へ参画する。 ・白神ねぎの特徴や調理方法を再確認して会議に臨む。

【生活単元学習】第1～16時　加工品の販売・広報等

[学習活動]	[指導上の留意点]
・「全国ねぎサミット」の運営へ参画し，広報の一部を担当する。 ・販売や納品等をする。	・ポスター，看板，地域での広報活動，会場作成やイベントの企画を取り扱う。 ・接客マナーを取り上げる。

第42～43時　振り返り

[学習活動]	[指導上の留意点]
・作物や販売・納品の評価をする。 ・個人目標の評価をする。	・高品質の作物を栽培する要点を，天候や作業活動との関連を視点に話し合う。

※網掛け部分は，他の学習との関連付けや他の作業班との連携を示す。

（2）改善の視点

　従来の指導計画では，課題を見いだす機会や，自ら考え，話し合う機会が乏しく，主体的に課題解決する力の育成には至らなかった。そこで，生徒同士で学んだことや気付いたことを話し合い，共有する機会を設けることにした。また，教材として地域のブランド野菜「白神ねぎ」を取り上げ，地域の事業所との連携により高品質の作物を作る経験や，手掛けた作物等が地域で喜ばれる経験を積むことができる学習を計画した。

D 指導の実際

　「白神ねぎ」の栽培に当たり，能代市農業技術センターの指導を受けながら学習を展開した。播種や植え付け，土寄せ，皮むき，検品などの作業では，直接技術指導を受けたり，機材を借用したり，作物をセンターに持ち込んだりして作業を行った。品質のよいねぎを栽培する要点として，ねぎの白い部分の伸ばし方や，ねぎ芽

写真1　耕耘機による土寄せの仕方を学ぶ

の切断方法に加え，耕運機の安全な使い方，コンプレッサーによる皮のむき方等について体験を通して学んだ。また，長さ・色・見た目等の品質など，商標権を得るための要件について，検品作業を通して理解できるようにした。なお，これら習得した知識は実際の作業で確認するとともに，生徒同士で伝え合うことを重視した。

　「白神ねぎ」を使った製品の企画・開発は，市観光課や農業振興課，観光協会，地域の事業所，市民団体，高校と共に行った。事前に調べた白神ねぎの特徴や調理方法などの知識を生かして話合いに参加し，サンドイッチとホワイトソースを商品化した。これらを「全国ねぎサミット」で販売するとともに，ホワイトソースについては能代市の「ふるさと納

税」の返礼品として登録した。

C・A 指導の振り返り

(1) 生徒の変容

改善の結果，生徒たちは，品質のよいねぎを栽培するための技能を身に付けるとともに，商標権を得るための要件に沿って良否の判断ができるようになった。これらの理解により，栽培の一つ一つの工程の重要性を実感し，責任をもって作業する意識が高まった。また，加工製品の企画・開発会議では，既習の知識を活用して，自分の考えを伝えたり，他者の

写真2　加工製品の企画・開発会議に参画

意見を受け入れたりしながら製品やレシピを完成させることができた。さらに，開発したホワイトソースを使ったメニューの考案に向けて，消費者へのアンケートを基に主体的に話し合うなど，地域に喜ばれるよりよい製品を目指し，工夫するようになった。

(2) 成果とさらなる課題

育てたい力を育むために，特産品を教材に取り上げ，地域事業所等との協働した授業を展開したことにより，学習内容の質を向上することができた。特に，市場に通用する高品質の作物の生育に挑んだことが生徒の意欲を喚起し，活動を通して実際的な知識及び技能を習得したことや，商標権の取得や納品などの市場に関わる活動をしたことが自信と勤労観を育む上で極めて有効であった。また，生徒同士が学んだことや考えたことを話し合う経験を積み重ねたことが，既習の知識を活用しながら思考し，判断し，表現する基盤となり，主体的に課題解決に向かう姿勢につながった。さらに，学習の充実を図る中で，作業班同士の連携や生活単元学習と関連付けて取組を発展させ，作業や地域行事を通して地域に参画し，協力・貢献する学習として構成できたことも成果の一つである。

今後も，地域への愛着を深め，キャリア発達を促す教育活動を一層充実するため，地域との日常的な連携により質の高い教育活動を展開するとともに，生徒の主体的・対話的で深い学びを推進させたい。

〈佐藤　圭吾，工藤　智史，神田　純一〉

カリキュラム・マネジメントの視点

ブランド野菜の取材から開始する単元計画により，質の高い作物の育成や製品開発に向かう意欲を喚起し，地域社会への貢献や参画意識を高めた事例である。他の作業学習グループとの連携や，別に計画されている生活単元学習と有機的な関連を図ることにより，テーマ性の高い学習が組織された。地域人材の活用や関係機関との連携により，地域を愛する心を育み，「社会に開かれた教育課程」を具現化する取組となっている。

2 授業改善を目指したカリキュラム・マネジメント

「課題発見・解決学習」を取り入れた製品開発

■特別支援学校高等部1〜3年　■作業学習（食品製造）

P-1 課題の把握

　本校では教育目標を基に，高等部卒業後の姿を想定し，「知・徳・体・言語活動」の観点から「育てたい子供像」を設定し，教育活動を行っている。本校高等部では，学部縦割りの五つの作業グループで学習を行っており，その中の一つである「食品製造グループ」についての実践報告である。

　生徒の実態としては，中学校の特別支援学級を経て本校高等部に入学した生徒が多く，卒業後は一般企業に就職することを目標にしている生徒が多い。入学時に校内で実施しているWISC-Ⅲの結果によると，ほぼ全員に言える課題として，①聴覚での指示のみでは理解不十分であること，②理解できているかを丁寧に確認する必要があること，という2点が挙がった。指示書を見ながら製品作りができる生徒もいるが，先輩の手順を見ながら理解を進める生徒もおり，作業能力には個人差がある。グループ分けを工夫し，手慣れた生徒が言葉をかけながら，生徒たち主体で作業を進められるように配慮している。また，自分の思いや意見を伝えることが苦手で，指示書だけでは作業内容の理解が十分でないが，友達や教師に言葉をかけたり質問したりせず，作業を進めることがある。話合いの場面でも，自分の意見が出せないことが多くある。

P-2 これまでの指導計画

第1〜6時	オリエンテーション
	[指導上の留意点] ・初めて作業する生徒と手慣れた生徒とでグループを組み，製品を作る。
第7〜76時	調理・加工①
	[指導上の留意点] ・一人で作業が行えるように，材料を少量にして同じ製品作りを繰り返し行い，製品作りへの自信を育てる。
第77〜84時	文化祭での販売に向けて
	[指導上の留意点] ・「調理・加工①」での練習を基に，量を増やし，同じ製品作りをする。分量が違うだけだと伝え，自信をもって製品を作ることができるように配慮する。
第85〜138時	調理・加工②

	[指導上の留意点]
	・新製品の開発のため，教師が参考となるレシピを準備する。
第139〜140時	1年間のまとめ
	[指導上の留意点]
	・1年間で作った製品を思い出し，振り返る。写真等を準備し，思い出しやすくする。

P-3 改善後の指導計画

（1） 改善後の指導計画表

第1〜6時	オリエンテーション
第7〜76時	調理・加工①

[学習活動]	[指導上の留意点]
・第7〜28時：第1クール（習得期） ・第29〜50時：第1クール（課題発見期） ・第51〜52時：第1クール（探究活用振り返り期） ・第53〜60時：第2クール（習得期） ・第61〜64時：第2クール（課題発見期） ・第65〜76時：第2クール（探究活用振り返り期）	・習得・探究・活用・課題発見・振り返りができるように，活動を意図的に取り入れる。

第77〜84時	文化祭での販売に向けて
第85〜138時	調理・加工②

	[指導上の留意点]
	・「調理・加工①」と同様に習得・活用・課題発見を繰り返し行う。

第139〜140時	1年間のまとめ

（2） 改善の視点

　従来の指導方法は，一人で毎時間同じ分量，同じ作業工程で，製品作り一連の作業を行うこととしていた。食品衛生の面から試食することはできず，同時に食材の無駄を減らすために販売する分量ではなく，少量のレシピで販売する製品作りの練習を行っていた。この方法では，作業内容はシンプルで分かりやすいが，常に同じ製品作りを練習するだけになり，学習意欲が湧きにくかった。また，一人ずつ作業を行うため友達同士で連携を取る必要がなく，作業途中で報告・連絡・相談を行う必然性に欠けた。

　学習意欲が育たない原因としては，①どんな製品が作りたいかを教師に伝える場面がない，②毎時間決まったレシピを使って，一人で全ての作業工程をこなすため，友達同士で相談し合う場面がなく，報告・連絡・相談の必要性がない，③製品作りに変化がなく，よりおいしい製品を作るために自分たちで調べたり，自分たちの製造している物と他の物を比較したりする等，思考する場面がないこと，等が挙げられる。

　上記の原因を改善するため，自分たちの製品を試食できるように，栄養教諭の助言を得

ながら衛生面を充実させ，自分たちの作った物を試食した。その結果，市販の物に比べておいしくないと生徒自身が感じ，製品開発の必要性に気付いた。そこで外部講師を呼んで作り方の指導をしていただき，新製品の開発に取り組むことにした。また，学校評議員や保護者のアンケートや，以前のレシピで作った物と教えていただいたレシピで作った物の見比べや食べ比べを行い，改善策について話し合い，意見をまとめる等，製品開発を通した「課題発見・解決学習」に取り組んだ。

D 指導の実際

学習は「第一次（習得），第二次（課題発見），第三次（探究），第四次（活用・振り返り）」までのまとまりを複数回繰り返すという展開で実施した。具体的には製菓作りの基礎的・基本的な技術を習得し，スキルアップを図る（習得）とともに，試食や販売後にお客様にアンケートを取る（課題発見）。その結果を生徒同士で分析・改善策を考え，意見を発表し合った（探究）。その後，改善策

写真1　外部講師による製品開発の指導風景

で試作（活用）し，商品のでき具合の確認（振り返り）を行った。技術面での向上のため，グループでの作業学習と，製品開発に向けての「課題発見・解決学習」の2本柱で進めた。

(1)　グループでの作業学習

以前は一人ずつ，少量で作業を行っていたが，2～3人のグループで活動するようにした。また，1回に作る量も以前より多くし，実際に製品を販売することをイメージして製品作りが行えるようにした。また，グループ内で報告・連絡・相談を行う必然性が生まれるように，グループごとのリーダーがレシピを見て，道具の準備や作業の割り振りをして，友達に協力を求めること，また友達の作業を手助けすることが必要となる場面を設定することで，友達同士で作業を行う力が育まれることをねらった。

(2)　製品開発に向けての「課題発見・解決学習」

製品開発のため，今までの製品を見直すことも含め，外部講師からの指導を受ける機会をつくった。専門家による直接指導を受け，自分たちの作った製品との食べ比べ等も行い，よりおいしい製品をイメージしやすくなった。同時に，作った製品を様々な人に食べてもらい，アンケートを取り，よりおいしい製品を作るにはどうすればよいか改善策を考えることは「課題発見・解決学習」となった。

C・A 指導の振り返り

(1)　生徒の変容

授業を改善したことによって，様々な場面で大きな変化が見られた。

グループでの作業学習では，作業の進み具合の相談や道具の準備等，様々な場面で話し合い，お互いに助け合う必要が生まれた。友達の様子を見て行動したり，手伝ってほしいときに声をかけたりすることができるようになりつつある。生徒同士で手伝ったり協力したりする必然性が生まれたことで，自発的に報告・連絡・相談するようになった。この活動を繰り返し行うことで，次に何をすればよいかを考えるようになってきた。

　製品開発に向けて「課題発見・解決学習」を行う中で，自分たちの作った製品に興味や関心をもつようになり，生地の混ざり具合等も生徒同士で確認し合うようになった。でき上がった製品の試食をした際には，積極的においしさ等を話し合う姿が見られるようになった。さらにアンケートの分析作業に加え，レシピの見比べや食べ比べを行ったことで，自分たちの製品を客観的に見て，改善策を考え出すための話合いを積極的に行うことができた。以前は教師と一対一で自分の意見を言うことが苦手だった生徒が，自分から手を挙げて発表することができるようになった。

（2）成果とさらなる課題

　成果としては，グループでの作業を通じて友達と協力して，主体的に学ぶ姿が見られた。また「課題発見・解決学習」の中で，資料を分析したり，実際の経験に基づいて考えたりする中で，思考を深めることができた。

　課題としては，学習したことを般化しにくい実態の生徒たちであるため，新製品作りや流動的に作業が変わる場面では，何をすればよいか分からなくなることである。そのため，誰に，どのように質問すればよいか明確に伝え，自分の行動に自信がもてるように配慮しなければならない。リーダー的な生徒も，新製品のときには一人で作業を進めがちになる。全体を見ながら作業を進め，グループで協力することの意味を丁寧に伝える必要がある。

　またアンケート分析等の経験が少ないため，自由記述を活用したり，レーダーチャート等の視覚的に分かりやすいグラフを準備したり，分析するための話合いの観点等を明確にしたりすることが必要である。

　レシピの見比べや食べ比べでは，作り方が変わると見た目や手触り，食感等に大きな違いが出ることを実感し，課題解決には作り方を変化させるとよいということに気付く等，今までの学習経験から考えることができた。今後，作り方のみでなく，材料や分量が異なる製品の試作を行い，自分たちで新製品のレシピが作れるような活動を進めたい。

〈藤田　有希〉

📎 カリキュラム・マネジメントの視点

　学校教育目標を基にした「育てたい子供像」を実現するために，作業学習において習得・活用・探究等の学習のプロセスを意図的・計画的に組織して取り組んだ実践である。外部人材の活用や学びの文脈を創り出すための役割の設定，製品アンケートの実施等，学習意欲を喚起し，協働的な学びが展開できるよう工夫が行われている。各教科等を合わせた指導において，多様な教科の特質に係る見方・考え方を働かせている点もポイントである。

2 授業改善を目指したカリキュラム・マネジメント

地域との関わりを通して，生徒の生きる力を育む専門実習の取組
～手づくりパンHonnêteの運営の中で育つ生徒たち～

■ 特別支援学校高等部（専門学科）　■ 専門実習

P-1 課題の把握

　「社会自立・職業自立に必要な能力や態度を身に付け，社会の一員として自己の生活を充実していくことができる生徒を育成する」という学校教育目標のもと，食品・サービスコースでは，パンや菓子を製造し，隣接する販売スペースで，地域の方に向けて販売活動を行っている。また，毎月1回オープンスペースで，コーヒーの提供をしたり，販売を待つために並んでいる地域の方に，試食や試飲のサービスを行ったりしている。

　専門学科として食品・サービスと流通・メンテナンスの2コースを開設して3年目になり，今年度初めて3学年の生徒が揃ったところである。1学年8人の生徒からスタートし，パンや菓子の製造やサービスを日々試行錯誤しながら，コース運営の基礎づくりをしてきた。製パン，製菓，サービスの3部門で実習を行い，地域の方々に販売することで，働く喜びを感じたり，社会性を育てたりし，社会自立，職業自立を目指している。また，県内唯一の専門学科と普通科の併置校の特色を生かし，普通科の作業班との協力も行っている。食品・サービスコースとして，製パン，製菓，サービスの3部門の特性を生かしながら連携を図ると同時に，普通科や地域との連携も大切にしていくことが必要であると考えている。

P-2 これまでの指導計画

第1〜28時	製パン，製菓，サービスの部門で必要な活動を知り，正確に行う

[学習活動]	[指導上の留意点]
・部門の中にどんな活動があるかを知る。 ・正確に活動を行う。	・2，3年生が，1年生に伝えるようにする。

第29〜56時	正確に仕上げることができるようにする

[学習活動]	[指導上の留意点]
・指示された活動を行い，仕上げる。	・活動内容を分かりやすく伝える。

第57〜84時	部門の中で協力しながら，責任をもって仕上げる

[学習活動]	[指導上の留意点]
・決められた時間の中で，指示された活動を協力しながら効率よく最後まで行う。	・最後まで責任をもって取り組めるようにする。

P-3 改善後の指導計画

（1） 改善後の指導計画表

第1～28時 | 製パン，製菓，サービスの部門で必要な活動を知り，正確に行う

[学習活動]	[指導上の留意点]
・部門の中にどのような活動があるかを知る。 ・正確に活動を行う。	・いろいろな活動を体験することで，生徒自ら部門の活動内容と作業の特性を理解するようにする。 ・各部門の担当者で会議をし，本校で育てたい働く力を基に，それぞれの部門で身に付けることができる力を整理して明確にする。

第29～56時 | 全体の工程を理解し，正確に仕上げることができるようにする

[学習活動]	[指導上の留意点]
・工程を考えながら，指示された活動を行い，仕上げる。	・材料や製品の流れが分かるようにする。 ・それぞれの役割が全体の中でどの部分の活動をしているのかを意識できるようにする。

第57～84時 | 部門の中で協力しながら，責任をもって仕上げる。

[学習活動]	[指導上の留意点]
・決められた時間の中で，指示された活動を協力しながら効率よく最後まで行う。	・部門の中で協力すると同時に，他の部門の活動も知り，部門同士の連携も考える。

（2） 改善の視点

　店名の「Honnête」はフランス語で「誠実」を意味しており，当初より，「日本一誠実なパン屋さんを目指そう」を合い言葉に取り組んできた。指示されたことは，まず正確に行う。そして，正確に行うことができるようになったら，次は時間を意識する。さらにそれを長時間継続して行うことを目標にした。生徒たちは誠実に取り組んでいたが，「自分たちのパン屋さん」という意識より，それぞれのグループで，指示されたことを確実に行うことが目標になってしまった。

　そこで，製パン，製菓，サービス3部門が独立して活動するのではなく，3部門が連携しながら協力して店の営業を行うことを意識してできるようにしていきたいと考えた。また，普通科の作業班の製品を利用したコラボ商品の製造を行い，協力し合える関係をつくった。そして，学校として地域に向けて，「パン屋さん」という形で，学校教育の現場を開放することにより，地域の方々との関わりの中で学びの場を充実させていくことにした。

D 指導の実際

① 製パン，製菓，サービスの各部門の活動内容を確認し，それぞれの特性を考え，部門ごとの付けたい力を明確にした。教師は各部門に固定し，生徒は三つのチームをつくり，一定期間でローテーションして，どの活動もバランスよく経験できるようにした。

コースの中の活動を全て理解することで，生徒は全体を把握することができた。

② 部門ごとに完結していた活動を，連携しながら活動できるように，製造したパンや菓子を販売担当のサービスに渡すとき，出庫票と入庫票を作り，関連付けたり，製菓の包材をサービス部門に発注し，賞味期限スタンプまで押された包材を製菓部門が受け取るなどしたりし，連携の部分に生徒の学習活動を取り入れた。

③ 普通科農耕班の生徒が作った野菜を実習室に配達してもらい，それを利用する製パン部門のグループ長が受け取り，班を超えて協働した商品の「さつまいもプレザンヌ」や「いちじくデニッシュ」を農耕班に届けるなど，生徒同士が交流する場面を設定した。

④ サービス部門で取り上げた「来てよかった。また来たい」と思っていただける店づくりを，コース全体の願いとなるように，グループ長が朝礼で発信し，全員で共有できるような場を設けた。さらに，一人一人の考えを聞く機会をつくり，店の運営に生徒の意見を反映できるようにした。

⑤ 3年のリーダーが活躍できるように，リーダー養成を計画的に行った。朝礼での部門の報告や実習中の指示，店に出す製品の判断など，責任をもつことで意識の変容が見られた。

⑥ 買い物に来られたお客に，笑顔で積極的に話しかけ，触れ合いの中で多くのことを学ぶことができた。地域の方々からのお褒めの言葉は，次への学習意欲へとつながった。また，「ポスターが外れていたよ」，「おつりが多かったよ」など好意をもって伝えられることもありがたく感じた。

⑦ 一日を通して専門実習のある日（週1回）の午後は，外販として地域の高齢者の福祉施設などに出掛け，販売活動を行った。利用者の方に大変喜んでいただき，いろいろな人に出会いながら接客することで，自信がついた。また，近隣の飲食店などの協力を得て，実際の店舗等で学び，日々の実習の質を上げると同時に，卒業後の社会への移行がよりスムーズになると考え，計画的に実施している。

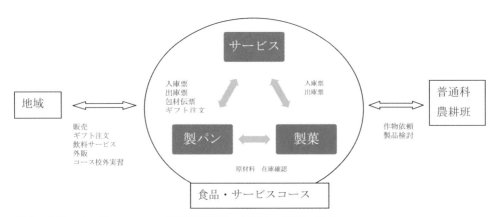

図1　食品・サービスコース，普通科農耕班，地域との連携・協力

C・A 指導の振り返り

(1) 生徒の変容

　専門実習で学んだことを生かし，自分の作業を理解して自主的に取り組むことが増えてきた。また，周りの状況を判断して，自分で新しい作業を見つける場面も見られるようになってきた。さらに3年生は上級生としての自覚をもち，外販の報告，パンの仕上がり時間の報告，作業ルールの確認，新しい商品の提案，店でのお客のご意見などの報告を積極的に行うなど，店の運営や製造を自分たちで考えるようになってきている。

　また，製パン，製菓，サービスそれぞれの部門で完結していた活動を，出庫・入庫という形で，製造と販売をつなげたり，お客の声をサービス担当からコース全体に発表したりするなど，3部門が協力し合いながら，「手づくりパン Honnête」を運営するという意識が高くなった。野菜の提供を受けた普通科農耕班には，でき上がったパンを届けた。自分たちの野菜が加工され，パンとなって販売されることを知り，農耕班の生徒にとっても新たな学習活動の意欲付けになった。

　さらにオープン当初より，開店前の時間から並んで買い物に来てくださる地域の方々の力は，計り知れない。生徒の慣れない接客を温かく見守り，生徒が少しずつ自信を付けてきた。文化祭でのアンケートで「接客してくれた生徒さんたちの言葉遣い，サービスもすばらしく，このまま就職できそうだと思いました」，「みんなの笑顔，心なごやかになりました」など，お褒めの言葉をたくさんいただいた。生徒たちは多くの励ましを得て，地域の方に支えられていることを実感できた。また，外販やコース校外実習などで地域の方々と関わることは，自信につながった。

(2) 成果とさらなる課題

　生徒たちが誠実に「手づくりパン Honnête」の運営を協力しながら行うことで，よい人間関係を育てられるようにしてきた。そして，生徒一人一人が失敗を恐れることなく，いろいろなことに挑戦する気持ちを大切にし，たとえ失敗しても，失敗をチャレンジの証として，次の挑戦につなげられるように指導してきた。これからも，コースの仲間，普通科の存在，そして地域の方々と，いろいろな立場の多くの人たちと協力して「手づくりパン Honnête」の運営をしていくことで，生徒の生きる力を確実に育てていきたい。

〈海老原 玲子〉

カリキュラム・マネジメントの視点

　学科間や部門間の緊密な連携のもと，学習することの意義を明確にし，生徒の学びに向かう意欲を向上させるカリキュラム・マネジメントに努めた。地域の方々の協力を得ながら多様な立場や役割を経験したり，見通しをもって学習活動に取り組んだりする中で，可能な限り自分たちの力で思考・判断しながら店舗の経営に取り組もうとしている点が特徴である。出庫票等の細かなアイディアも，生徒の意味のある学習の文脈を創り出している。

2 授業改善を目指したカリキュラム・マネジメント

現場実習の振り返りを次の学習活動につなげる

■ 特別支援学校高等部　■ 進路学習，産業現場等における実習

P-1 課題の把握

　本校の進路指導は，「進路の学習」，「現場実習」，「進路相談」の三つで構成された「進路学習」を3年間を通して行っている。

　「進路学習」は，高等部3年間で，生徒が自分の可能性や適性を発見し，自分なりの生き方を探して選択・決定できるようになること，また，卒業後の生活に対し自分なりの夢をもち，生き方の幅を広げられるようになることを目指して学習している。

　本校は，産業現場等における実習（以下，「現場実習」）を高等部1年次から実施している。年2期，計6週間の現場実習期間を設定し，「働く力を現実的な場で育てる」，「社会人として自立していく生活力を育てる」，「社会的認識・自己理解を深める」，「実習を通して適切な進路を見いだす」を主眼に取り組んでいる。高等部1年のⅠ期実習は校内で特設された作業に従事するが，Ⅱ期以降の実習は学区域周辺の福祉事業所や企業等で行っている。現場実習の前後には，実習での学びをさらに深めるために，事前学習，事後学習を行っている。事後学習では，実習先からいただいた「実習評価表」や実習日誌をもとに振り返りをしている。

　しかし，現場実習において見いだされた課題を，各教科・領域の中でどのように取り組むのかといった点が曖昧であったり，十分に課題に取り組めなかったりしたまま，次の現場実習に臨むなどの課題が見られた。

P-2 これまでの指導計画

第1～8時	現場実習　事後学習	
	[学習活動]	[指導上の留意点]
	① 仕事の振り返り ② 実習日誌からの振り返り ③ 個人目標の自己評価 　・事前に立てた目標に対して○△×で評価する。 ④ まとめと今後に向けて 　・がんばった取組を確認する。	・目標に対する自分の評価を記入する。

第9時	現場実習報告会

[学習活動]
○進路面談
・評価表で課題について確認する。

P-3 改善後の指導計画

（1） 改善後の指導計画表

第1〜8時	現場実習　事後学習

[学習活動]	[指導上の留意点]
① 仕事の振り返り ② 実習日誌からの振り返り ③ 個人目標の自己評価 　・事前に立てた目標に対して◎○△で評価する。 ④ 自分の適性を考える 　・その仕事が自分に合っているか，今後やってみたいかについて考える。 ⑤ まとめと今後に向けて 　・実習で見いだされた課題を理解する。 　・今後取り組むべきことについて考える。 　・次期実習の希望や将来の希望を考える。	・自己評価と合わせて実習先からの評価も提示し，自己理解を深められるようにする。 ・仕事の特徴や自分の特性を踏まえながら，適性について考えていく。 ・課題や将来の希望を踏まえて，今後の授業や学校生活で「いつ」「何を」「どのように」取り組むのかを考える。

第9時	現場実習報告会

[学習活動]	[指導上の留意点]
○進路面談 　・課題の共有と今後の取組，指導・支援の方向性を確認する。	・今回見いだされた課題を確認し，今後取り組むべきことについて，内容，方法等を生徒，教師，保護者で共有する。

（2） 改善の視点

　従来は，現場実習で見いだされた課題について，その後の学校での学習活動に十分反映されているとは言えず，次の現場実習において，同様の課題が指摘されることがあった。これは，課題の焦点化が不十分であったり，その改善のための指導場面や手立てが不明確であったりしたため，機会を捉えた学習を積み重ねていないことや，生徒自身や教師，保護者の課題意識の持続が保てていないなどの要因が考えられた。

　これらから，現場実習後の振り返りを見直し，課題を焦点化し，課題に取り組む場面や課題を改善する方法を生徒と考えたり，教師間や保護者と共有したりすることを目指した。

　また，将来どのような仕事に就きたいのか，どのような場所で働きたいのかを考え，その際にはどのようなことが必要となるのかを考えることで，課題に取り組む意味を生徒自身が理解するようなやり取りも充実させた。

　さらに，改善すべき課題だけではなく，実習先から評価された点も合わせて確認，整理していき，自分の長所や短所を考え，自己理解を深める機会とすることも大切にした。

D 指導の実際

（１）　事後学習
　①　仕事の振り返り
・実習中の仕事の様子を撮影した動画や写真を用いて，学級で視聴する。
・生徒自身が仕事の内容や留意点などを説明し，解説する。
・他の生徒からの質問を受け，回答する。
　②　実習日誌での振り返り
・現場実習で用いた実習日誌の日々のページを振り返り，仕事内容や自己評価，実習先からのコメントを読み込んで，評価されたこと，課題として指摘されたことを抽出する。
・特に，担当者からのコメントについては，褒められたことを赤線で，指摘されたことを青線でチェックする。
　③　個人目標の自己評価
・現場実習前に設定した個人目標２～３個について，◎○△で自己評価をする。
・自己評価の理由についても考える。
　④　適性について
・今回の実習，仕事について，次もやってみたいと思うか，好きか嫌いか，自分に合っていると思うかなど，生徒の様子に応じて，自分との適性について考える。また，理由についても考える。
　⑤　まとめと今後に向けて
・実習評価表や実習日誌，実習最終日に行った反省会での内容から，褒められて評価された点，課題として挙げられた点をワークシートに整理する。
・課題については，「これからの学校生活で何をがんばるのか」，「いつ取り組むのか」，「どのように取り組むのか」について，教師と相談しながら整理する。

（２）　現場実習報告会
　高等部１～３年の生徒一人一人が全員の前で，今回の現場実習について，仕事内容，個人目標の評価，これからがんばりたいことなどを発表し，他の生徒や教師からの質問に答えたり，アドバイスを受け入れたりする。

（３）　進路面談
　①　出席者
・生徒，保護者，担任，進路担当教師
　②　内容
・実習日誌，実習評価表，実習振り返りのワークシートなどを用いて，実習の成果と課題を確認する。
・将来の進路希望について，生徒が考えていることや希望する理由を表明する。
・これから取り組むことについては，対象となる課題（目標），取り組む場面，取組方法

を全員で確認，共有する。

C・A 指導の振り返り

(1) 生徒の変容

　改善の結果，生徒は自己の課題について意識の高まりが見られたり，意識をもち続けることができたりした。さらに，課題に対する取組の内容や方法を明確化したことで，生徒自身がその場面での行動や活動に留意する様子が見られた。例えば，作業学習での作業速度に注意することや，他の生徒との協働場面において，言葉のかけ方や協力の仕方に注意する姿が見られた。これらは，ただ単に仕事の仕方や行動のみの改善ではなく，その必要性や意味を理解しつつある中で取り組んでいるため，積極的な姿勢が感じられた。

　さらに，初めは場面を特定した取組が見られたが，徐々に他の似たような場面に拡がる様子も見られた。

　このような学校での取組が，次期の現場実習でも生かされ，実習先での行動の変容が見られた。そのことが実習先からも評価された。

　加えて，作業学習や日々の生活での自己の目標設定や，次の現場実習の個人目標の設定の際に的確な目標を生徒自身が考えられるようになっていくことができた。

　これらから，生徒自身の自己理解に深まりが見られたということができる。第三者からの評価を知り，受け止めることで，自分の得意な面を知って自信をもったり，苦手な面からそれらを改善していくために挑戦していく気持ちになるなど，行動の変容が見られたり，自分自身の長所と短所の理解につながる様子も見られた。

(2) 成果とさらなる課題

　このような取組をすることで，指導する教師の側にも変化が見られた。現場実習の振り返りを丁寧に行うことにより，生徒の理解を図りながら課題を抽出し，そこから指導内容，指導場面の明確化がなされた。見いだされた目標は，個別の指導計画に組み込むことで，教師間，教師と保護者の共有が行われ，作業学習などの他の授業や学校生活と関連させながら生徒の指導に当たることができるようになった。また，生徒の課題に対する受け入れや受け止めの度合いなどを捉えながら生活全般にわたってアプローチしていくなど，場面を捉えた的確な指導に結び付けることができたことは大きな成果であると考える。

〈尾高　邦生〉

📎 カリキュラム・マネジメントの視点

　産業現場等における実習を校内の学習と深く関連付けるためのカリキュラム・マネジメントが企図された。生徒自身が「何のために，何を，どのように」学ぶのかを明確にし，意識の顕在化と具体的な取組や行動が遂行できるよう，コンセプトを明確化した報告会や進路面談等の取組が行われている。生徒自身の内的な思考のみならず，感じたことや考えたことをアウトプットし，多様な関係者との対話の中で学びを深める機会が設定された。

2 授業改善を目指したカリキュラム・マネジメント

人との関係性の中で自らの価値を磨き，実感できるカリキュラムの実現を目指して

■ 特別支援学校中学部　■ 生活単元学習，交流及び共同学習

　本校では，キャリア教育の視点に立ち，児童生徒が将来にわたり地域で存在価値を示す力を育て，教育目標を具現化するための小・中・高等部12年間の教育内容の見直しに取り組んでいる。そのためには，児童生徒が自ら気付き主体的に活動に向き合い，確かな行動を起こす「内面の育ち」を支援する授業づくりが不可欠であると考えてきた。

　本稿において実践事例を紹介する中学部では，キャリア教育の視点からの12年間の一貫性・系統性に立った指導の重点を，「自己理解」に置いている。青年期の入口にあり心身ともに大きく成長する中学部の時期にあって，もっている力を100％発揮できている「よい自分」を実感し自らの価値への確かな理解をもつことは，生涯にわたるキャリア発達を支援する上で重要と考えるからである。求めたいのは，表面的で独りよがりな自己理解ではなく，自らの価値が磨かれ，存在が認められている実感である。つまり，「人との関わり（人を意識することを含めた）」の中での活動を通じて他者との関係性の中で醸成される，深い自己理解である。そのためには，「確かな学び」につながる活動の場や人との関わりを十分に検討した学習活動を展開する必要がある。

P-1 課題の把握

　前項の考えに基づく研究をスタートした当初に取り組んだ単元「とれたてやさい店を開店しよう」は，地域のお客を相手に，自分たちが栽培した野菜を販売する活動である。販売の計画を立てたり，必要な準備物（看板や商品表示など）を製作したりする過程では，一人一人のよさや得意なことを生かし，もっている力を精一杯発揮して役割活動に取り組むことができた。その結果，当日の販売活動そのものは確かに盛況であり，生徒たちも「たくさん売れてうれしかった」という感想をもつことができた。しかし実際には，お客とのやり取りについていけなかったり，教師の指示がなければどう動けばよいか戸惑ってしまったりするなど，主体的な活動を通しての確かな学びが得られる学習とは言えない状況であった。

P-2 当初の指導計画

単元①「『とれたてやさい店』を開店しよう」

第1～2時	「とれたてやさい店」の開店に向けての計画を立てる
第3～6時	販売の準備をする

	[学習活動]	[指導上の留意点]
	・販売に必要なものを製作する。 ・お店のレイアウトや挨拶，接客の仕方等について話し合う。	・一人一人のよさやもっている力を生かすことのできる役割を分担し，必要な準備物を製作する。 ・シミュレーションを通して，開店へのイメージがもてるようにする。

第7～11時	「とれたてやさい店」の開店Ⅰ

	[学習活動]	[指導上の留意点]
	・校内で「とれたてやさい店」を開店する。	・身近な存在である教師や保護者を対象に販売を行うことで，活動に慣れ，見通しがもてるようにする。

第12～16時	「とれたてやさい店」の開店Ⅱ

	[学習活動]	[指導上の留意点]
	・T団地[1)]で「とれたてやさい店」を開店する。	・校内での販売活動の振り返りをもとに，動線や役割への取り組み方や支援の在り方を見直す。

第17～18時	野菜の販売活動を振り返る

1) 学校から車で約20分離れた学校農園周辺の地域

P-3 改善後の指導計画

（1） 改善後の指導計画表

単元②「ようこそ！中3ドリームランドへ〜M幼稚園のみなさんを招待しよう〜」

第1～2時	活動の計画を立てる

	[学習活動]	[指導上の留意点]
	・M幼稚園に出向き，活動の紹介や聞き取り調査をする。	・園児に楽しんでもらえるゲームや景品を考案するヒントを得ることで，目的意識をもつことができるようにする。

第3～10時	ゲームコーナー運営のための準備をする

	[学習活動]	[指導上の留意点]
	・役割を分担し，協力して準備をする。	・生徒自身の希望をもとに各コーナーのリーダーや役割を設定し，看板や入場ゲート，BGMなどを工夫し楽しい雰囲気の中で準備に取り組むことで，目的意識がより高まるようにする。

第11～12時	中3ドリームランドをオープンする（2回に分けて実施）

	[学習活動]	[指導上の留意点]
	・園児を招待してドリームランドをオープンする。	・園児・生徒相互に効果的な学びが得られるよう，ゲームへの参加方法を事前に園児に説明する。 ・園児や保育士からの感想で，喜んでもらえた貢献の実感が得られるようにする。

第13時	活動を振り返る

（2） 改善の視点

　単元①の振り返りから，販売活動は本来，作業学習における総合的な学びの一環として取り扱うことが適当であり，中学部段階の生徒たちにとって，野菜の売り手（生徒）と買い手（大人）という関係性から「もっている力を100％発揮できている『よい自分』の実感」を得ることは困難であった。学級での活動として十分な目的意識を共有することが難しいことから，近隣の幼稚園の園児を招待しゲームコーナーを開く活動へと大きく見直し，方向を転換した。本校中学部では，毎年11月に開催する学校祭に向けて，1～3年各学年が工夫を凝らしたゲームコーナーを開店している。単元②「ようこそ！中3ドリームランドへ～M幼稚園のみなさんを招待しよう～」は，その活動との関連を生かし，生徒たちがより確かな学びを得るにふさわしい活動内容や地域（場や人）を検討した結果としての実践である。見直しの視点は，以下のとおりである。

- 生徒が「なぜ・何のため」の活動であるかを十分に意識できるようにすること。
- 中学部の年齢・段階にふさわしい確かな学びのための「相手（人・場）」であること。
- 本校生徒と相手との関わりにより，双方向の学びが得られる「地域」であること。

　自分の役割を果たし協力してゲームコーナーを運営し，相手に楽しんでもらう活動は，生徒たちにとって明確な目的意識を共有できるものである。また，幼稚園児を相手とした（地域）活動は，年長者である生徒たちが「～してあげたい」という意識をごく自然にもつことができるものであると考えた。

D 指導の実際

　ゲームコーナーは，6名の生徒が役割を分担して三つのゲームを運営する。

　担当する生徒の願いを生かしつつ，一人一人の学びの課題に対応できる内容を検討するとともに，直接園に出向き，生徒自身が園児にそれぞれのゲームの内容をシミュレーションしつつ園児のニーズを加味するなど，相手に喜んでもらうという目的意識を高めることができるよう工夫した。

　Dさんが一人で担当した「とるんじゃー（ボールキャッチゲーム）」は，園児が好きなヒーローに扮したDさん自身が足踏み式のシーソーに乗せた悪役キャラクターボールを飛ばし，網を使って園児にキャッチしてもらい悪役を退治するゲームである。扮装やキャラクターボールはもちろん，どの程度の強さで飛ばせば園児がキャッチしやすいかを，シミュレーションを通してDさん自身が改善しながら完成したゲームである。

C・A 指導の振り返り

（1） 生徒の変容

　もともと，Dさんは，自分の思いをうまく表現できにくいため，人とのやり取りに強い苦手意識がある。当初の単元では，野菜を買い求める地域の方とのやり取りに臆してしまい，ほとんど言葉を発することができなかった。しかし本単元では，園児がどのようなゲ

ームを喜ぶかを懸命に考え，工夫を凝らしながら活動に取り組むことができた。当日には，園児に立ち位置や網の構え方を優しく伝えた後，キャッチしやすいようそっとシーソーを踏み込み（写真1），3個の悪役キャラクターボールをすべてキャッチできた園児に「よくやった。おめでとう」と人気者のヒーローになり切って称賛するDさんの姿があった。

写真1　園児を相手にシーソーを踏むDさん

Dさんのみならずどの生徒も，自分の役割に真剣なまなざしで向き合い，園児を楽しませるという目的を達成した実感を全員で共有することができた。

(2) 実践の成果

自ら考え，創意工夫したゲームを運営し相手（園児）を楽しませることができた自分の価値を，園児が喜ぶ姿を目の当たりにして理解することは，中学部の時期にある生徒にとってこの上なく意義の大きいものであることが確認でき，目指したいカリキュラム実現のための重要な視点を得ることにつながった。

さらに重要な成果は，目指すカリキュラム創造に向けた「地域」の捉えである。学校での学習活動を地域に発信するという点は単元①・②いずれにも共通するものであるが，改善した単元②は，地域との相互乗り入れによる学びが得られるものである。生徒たちにとって園児は，精いっぱい「～してあげたい」と思わずにはいられない対象であり，園児たちにとって本校中学部の生徒たちは，一生懸命に楽しませようと，この上なく努力してくれる存在であることに気付くことができるものであった。ともすれば「してもらう」生活に陥りがちな知的障害のある生徒にとって，人や地域のために貢献できている実感をもてる学びは，自らの価値を磨き，実感する上で大変有効である。しかしこのことは，相互の価値が高まり合ってこそ実現するものである。本校で目指すカリキュラムの実現とそこでの学びが，生徒と園児のみならず指導者である教師・保育士，全ての存在価値を高めるものであることを再確認することができた。

〈加藤　公史〉

📎 カリキュラム・マネジメントの視点

生徒の学習状況を踏まえ，学習活動の本質的な意義に気付き，確かな学びが展開されるよう単元計画の改善に取り組んだ事例である。また，授業改善の視点を踏まえて単元計画を振り返り，大胆な見直しを図った点もポイントである。生徒の生活年齢等を踏まえながら，地域の関わりを再検討し，自ら活動に進んで取り組みたくなるような内容構成やゲーム設計を行い，学習の効果を高めている。

2 授業改善を目指したカリキュラム・マネジメント

認め合い尊重し合う心を育てる学校間交流の実践
~共生社会の実現に向けて~

■ 特別支援学校小学部　■ 交流及び共同学習

P-1 課題の把握

　小学部では、学校が創立された当初から、地域の公立校である丸亀市立飯野小学校との学校間交流が続いており、その歴史は33年となる。今では飯野地区の親子が二代にわたって本校児童と交流をすることも珍しくなくなり、地域社会に根差した活動となっている。

　本校の交流及び共同学習の目標は、「子ども同士の相互理解を深め合うこと」「社会性や豊かな人間性を育むこと」「本校の教育に関する理解を深めること」である。それらの目標を踏まえながら、年間3回（学期に1回）本校小学部の児童が、飯野小学校4年生とペアを組んで交流活動を実施している。活動の中心はゲームであり、毎回決まった友達と二人組（ないし三人組）で活動することで、回を重ねるごとに児童同士が打ち解け、やり取りが活発になったり気持ちに変化が表れたりするなどの一定の成果が認められている。

　一方で、知的障害のある児童についての理解を深めてもらうことや、相互に適切な関わり方を学ぶことについては課題もある。ゲーム内容の設定や教師間の情報交換の方法、3回の交流会の間をつなぐ方策について工夫することにより、この取組がもっと有意義なものになるのではないかと考え、毎年、振り返りと改善を繰り返しているところである。

P-2 以前の指導計画

5月	自己紹介カード作成・交換
	[指導上の留意点] ・関わりのきっかけとなる情報を記載し、1回目の交流会に向けて児童の意識を高める。
6月	第1回交流及び共同学習
	[指導上の留意点] ・1回目と2回目は、本校児童がルールを理解でき、ペアの友達と親睦が深められるような内容になるよう留意して、本校教師がゲームを設定する。
9月	第2回交流及び共同学習
2月	第3回交流及び共同学習
	[学習活動] ① 始めの会（児童代表挨拶・握手など） ② 学年ごとの活動（魚釣り、風船バレーなど） ③ 終わりの会（テーマソング、感想発表など）	[指導上の留意点] ・3回目は相手校で実施し、相手校児童が交流で学んだことを基に考えた複数のゲームをペアで回る。双方の児童が満足感や達成感を味わえるように支援する。 ・適切な関わり方を学べるよう、手紙にはう

| | ○交流後に手紙作成・交換 | れしかったことや楽しかったことを中心に書く。 |

P-3 改善後の指導計画

（1） 改善後の指導計画表

| 4月 | ビデオレターを送る（相手校の事前学習で活用） |

[指導上の留意点]
・交流前に本校児童の様子を知らせることで，相手校児童の過度な緊張を和らげる。

| 5月 | 自己紹介カード交換 |

[指導上の留意点]
・イメージしやすいように顔写真を添付。

| 6,9,12月 | 交流及び共同学習 |

[学習活動]	[指導上の留意点]
① 始めの会 　・2回目はカット。 ② 学年ごとの活動 ③ 終わりの会 　・適宜：ダンスや歌の発表。 ○交流後に本校児童は手紙，相手校児童は感想文を書く。	・1回目は，主体的に活動できるよう，今までの視点に加えて，本校児童が学習していることや得意なことを取り入れる。 ・1回目の①：初めに手遊び歌を取り入れる。 ・2回目は，相互理解を深めるために，活動時間を長く取るようにする。 ・2回目の②：相手校児童が考えたゲームを行う。 ・3回目は，双方が楽しめるように，2回目にも相手校児童の考えたゲームを行い，本校教師がアドバイスをする。 ・運動会や学習発表会で学習したことを互いに見せ合うことで，互いのよさやがんばりを感じられるようにする。 ・①と③：本校児童による司会を取り入れる。

| 各交流会後 | 自己紹介カード交換 |

[学習活動]	[指導上の留意点]
・感想文を受け取る。 ・相手校児童の交流時の様子などの情報を伝える。	・限られた交流の機会で相互の関係を深め，適切な関わり方を学べるように，改善点や支援のポイントなどを伝える。

（2） 改善の視点

　相手校児童は緊張や不安が拭えず，1回目の交流会で，教師からの指示を待ったり消極的な関わりに終始したりすることが目立った。その結果，1回目の交流会が充実しにくいという課題があった。限られた時間を互いに意義のある時間にするため，改善策として，顔を合わせる前にビデオレターを送り，本校の児童が生き生きと活動している姿を見てもらうことで，不安をなくそうと考えた。

　また，さらなる相互理解を目指し，適切な関わり方を身に付けるためには，実際に触れ合ったり，互いのよさを知ったりする活動を充実させることが必要だと考えた。そこで，

3回の交流会の活動内容をもう一度検討し，自然に触れ合える活動や本校児童の役割がある活動を設定するとともに，活動の分担や時間配分を見直した。加えて，適宜，互いの学習の成果を発表し合う場を設けることとした。

さらに，相手校児童が何を感じているのかの把握が不十分であるため，必要な支援が行き届かないという課題に対し，手紙をやめて感想文にすることで，率直な意見を把握できるようにした。互いの児童についての情報交換も充実させることとした。

D 指導の実際

（1） 交流前のビデオレター

相手校児童が，交流の前に本校児童の姿を見て学習することで，不安感や緊張は軽減している。視覚的な情報を交えて事前学習を行うことで，知的障害について正しい理解を促し，対等な関係を目指す上で大変有効であるため，毎年続けて行っている。

（2） 活動内容の工夫

① 手遊び歌の導入……1回目の交流会の始めの会では，打ち解けるのに時間を要するという問題があったため，本校児童に馴染みのある「手と手と手と」の歌に合わせて自然に触れ合うことができるようにした。

② 本校児童の司会……平成25年から，始めの会や終わりの会で本校の高学年の児童が司会をするようにした。役割を果たすことで自己有用感が高まり，堂々と司会をすることで，本校児童への理解が深まっている。

写真1 「手と手と手と」の手遊び

③ 活動内容の見直し……1，2回目は本校教師がゲームの内容を考えていたが，相手校児童に本校児童の実態や関わり方を学んでもらうには，ゲームの内容を考える活動が有効だと考えた。そこで，1回目は本校教師がモデルを示し，2回目に両校の考えた二つのゲームを行うことで，実践を基に改善できる点を整理し，3回目に再び相手校が考えたゲームを行うという方法に変更した。

写真2 司会をする児童の様子

④ 学習の成果を発表し合う場の設定……3回の交流会を有意義なものにするため，日頃の学習の成果を互いに知ることが大切だと考えた。平成23年より学校

写真3 ダンスの発表

祭で行った劇の様子や，運動会のダンスをビデオ鑑賞してもらう取組を始めた。さらに，平成26年には相手校児童がボディパーカッションの発表を，平成29年には本校児童が運動会のダンスを目の前で披露し，互いに拍手を送った。

（3） 相手校児童の気持ちや様子について情報交換

　障害理解を進めるためには，交流で感じた率直な思いや戸惑いを知ることが大切と考え，平成27年から，相手校の児童が書いた感想文を受け取り，適切な支援に役立てている。また，相手校の教師に対し，児童一人一人の活動の様子を細かく伝えることで，成果や課題を把握してもらい，次回の交流会に向けての指導に役立ててもらう取組を始めた。

C・A 指導の振り返り

（1） 児童の変容

　知的障害への理解不足やマイナスのイメージがなくなった相手校児童は，以前に比べ積極的になり，親しみのある関わりにより，本校児童も自然で生き生きとした姿を見せるようになった。また，本校児童は，司会をしたり自分の学習したことを発表したりすることに，誇らしさを感じ自信を深めている。そのことが友達に積極的に関わろうとする行動や，のびのびと自分を表現する行動へとつながっている。

　互いに発表を見せ合う活動では，大きな拍手を送り合う姿が見られ，発表した側の児童は満足感や達成感で満たされる。互いのがんばっていることを知ったり，輝く姿を目の当たりにしたりする活動の積み重ねにより，認め合い尊重し合う雰囲気が生まれている。

（2） 成果とさらなる課題

　私たちは，交流及び共同学習を通して，障害の有無にかかわらず，相互に人格と個性を尊重し合える共生社会の実現を目指している。相手校の児童にいかに働き掛け，学びの充実を図りつつ障害理解を深めてもらうかということは，大切な視点である。ここ数年，教師間で相手校の児童の情報交換を活発化させる取組があるが，それらは双方の児童の気持ちに寄り添った適切な支援や助言を行うことと，双方の教師が次の交流会までに必要な指導や学習活動を行うことを目的としたものである。特に本校の教師は，相手校の児童へ，障害特性を分かりやすく伝えたり，必要に応じて関わり方のモデルを見せたりしながら，児童の成長と関係性の発展を見守る意識が強くなった。その結果，相手校の児童が理解ある行動を見せるようになり，活発にコミュニケーションを取れるようになった。回を重ねるごとに，自然に手をつなぐ，相手校の児童が意思表示を待ってくれる，本校の児童がそれに応える，などの変容が表れ，改善の手応えを得ているところである。

〈西山 雅代〉

> **カリキュラム・マネジメントの視点**
>
> 共生社会の形成に向けて重要となる交流及び共同学習のさらなる質の向上を企図したカリキュラム・マネジメントを展開している。地域社会に根差した取組として33年の歴史を積み重ねている点は，まさに「社会に開かれた教育課程」の具現化と言っても過言ではない。それでもなお，教育内容の質的改善という不断の授業改善に取り組み，ビデオレターや自己紹介カードを活用した事前・事後学習の改善・充実を図り，学習効果の最大化を図っている。

3 新規研究開発等におけるカリキュラム・マネジメント

キャリア教育の推進に向けた
カリキュラム・マネジメントの方策

■ 特別支援学校　■ 教育施設としての取組

1 キャリア発達を支援する教育とカリキュラム・マネジメント

　中央教育審議会（2016）は，カリキュラム・マネジメントの三つの側面として，①各教科等の教育内容を相互の関係で捉え，学校教育目標を踏まえた教科等横断的な視点で，その目標の達成に必要な教育の内容を組織的に配列していくこと，②教育内容の質の向上に向けて，子供たちの姿や地域の現状等に関する調査や各種データ等に基づき，教育課程を編成し，実施し，評価して改善を図る一連のPDCAサイクルを確立すること，③教育内容と，教育活動に必要な人的・物的資源等を，地域等の外部の資源も含めて活用しながら効果的に組み合わせること，を示している（下線は筆者による）。

　①に関しては，従来からキャリア教育において教育課程はcompetency-based-program，あるいはhidden curriculumと言われており，これまで学校現場において，知的障害のある児童生徒のキャリアプランニング・マトリックス（試案）（国立特別支援教育総合研究所，2010）の活用が進められてきていることが関連する。②に関しては，児童生徒のキャリア発達を支援する上で評価活用が求められてきたほか，キャリア教育が本来的に意味する「教育活動の見直し・改善」を進める上で，分析的・総括的な学習評価が重要であるとされ，学習評価研究が進められてきた（国立特別支援教育総合研究所，2013）経緯が関連する。③に関しては，まさにキャリア教育の実践において積極的に取り組まれてきた，後述する「地域協働活動」そのものであると捉えることができる。このようにキャリア発達を支援する教育とカリキュラム・マネジメントは密接な関係にあると言える。

2 カリキュラム・マネジメントの実際

　次に，筆者がこれまで関わってきた京都市教育委員会における文部科学省委託「キャリア教育・就労支援等の充実事業」（以下，「キャリア事業」）の取組と，青森県教育委員会における「青森県特別支援学校技能検定・発表会」（以下，「技能検定」）の取組に基づき，カリキュラム・マネジメントの在り方について考察する。なお，技能検定の取組の詳細については，次項の藤川氏による報告を参照されたい。

（1）地域協働活動の意義

　地域協働活動は，キャリア発達を促す教育を実践する上で，重要かつ有効な取組の一つである。地域協働活動では，児童生徒が地域から感謝や期待の言葉をかけられることを通して「必要とされる実感」を感じ取る経験により，自己有用感に裏付けられた自尊感情の

育ちにつながるとともに，他方，地域等で受け入れる者にとっても生徒に対する理解促進が図られ，物事の見方，意識が変容するなど，双方のキャリア発達の促進につながる。これらの相互作用は，インクルーシブ教育の充実や共生社会の形成に資すると捉えられる。

　京都市では，キャリア事業を通して職業学科設置3校が互いの地域協働活動のリソースを共有し，生徒の「学び」や「育ち」のニーズを踏まえたクロスカリキュラム的な実践を展開してきた。また青森県の技能検定では，全ての障害種別を対象とし，「職業技能部門」のみならず，生徒の「思い」の表現を重視した「コミュニケーション部門」を設定しており，地域の企業や関係諸機関と共に評価規準を作成し，審査協力を得るなどしてきた。いずれも核となる活動があり，その活動において地域等から評価されることを通した「価値付け」により，生徒の課題への気付きや意欲の高まりを引き出している。また，その核となる活動から各校の教育課程における各教科等の指導への「関連付け」がなされるとともに，各教科等における学びの「意味付け」がなされていく。これらはカリキュラム・マネジメントの三つの側面を踏まえた取組の可能性を有している。

（2）核となる教育活動を踏まえて構想するカリキュラム・マネジメント

　上述の取組事例を踏まえ，カリキュラム・マネジメントの方策について検討してみたい。京都市立鳴滝総合支援学校では，地域の大学と連携・協働し，総合的な学習の時間において「防災学習」に取り組んでおり，各教科における内容と関連付ける，カリキュラム・マネジメントと言える実践を展開している。

　例えば，国語において円滑に他者に働き掛ける手段の一つである「クッションことば」を学び，理科において「節電」の方法に関する様々な意見を出し合い，考えの違いに折り合いをつけることを学んでいる。これらの各教科で身に付けた知識や技能を発揮する場として，防災学習が関連付けられている。

　防災学習では，災害時に関する様々な知識や技能を身に付けるとともに，そのまとめとして，生徒たちが物資，衛生，食料，総務，情報の5班に分かれて演習を行う。演習では，次々と入る防災情報の指示に応じて，救援物資の管理，非常食の調理及び提供，さらには避難者役となる地域住民の名前や年齢の確認による避難者リストの作成等を行うほか，ペットの持ち込みや病気の人，幼児への対応などの避難所のルールを話し合って決めたり，道路や行方不明者情報などを聞き取ってメモし，壁に貼り出して広報したりしていく。まさに「主体的・対話的で深い学び」と言える実践である。

　生徒たちはリアリティの高い，迅速な対応が求められる設定において，初めて会う人たちに対して物怖じせずにコミュニケーションを取り，お年寄りや幼児に配慮していくなど，思考を働かせ，もっている力を発揮していく。そして各教科等で学んだ知識や培った力をフル活用し対処することを通して，学ぶことの意味付けや関連付けがなされていくとともに，その「振り返り」を通して，各教科等で学ぶ必然性のある内容や培いたい力が見えてくるのである。すなわち中核となる活動が各教科等の学びにつながり，各教科等における学びが中核となる活動において統合され，発揮されるのである。

特別支援学校，とりわけ知的障害教育においては，「知的障害者である児童生徒に対する教育を行う特別支援学校の各教科」に基づき，児童生徒の実態等を踏まえて教科別の指導や各教科等を合わせた指導を行うことから，目標の高まりや内容の広がり，これらの関連付けを踏まえた一貫性・系統性が求められている。カリキュラム・マネジ

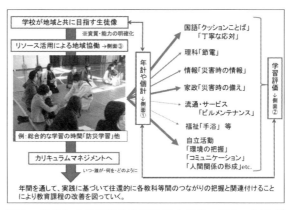

図1 中核となる活動から考えるカリキュラム・マネジメント

メントの方策の一つとして，まずは中核となる活動を起点として，その中に含まれる各教科等間のつながりを確認していくPDCAサイクル（図1）が考えられる。

（3） 個の学び・育ちを踏まえて構想するカリキュラム・マネジメント

カリキュラム・マネジメントは，「教育課程を軸に学校教育の改善・充実の好循環を生み出す」ものであるため，その取組の主体は教師ということになろう。しかしながら，実際の教育活動を通して「学び」，「育つ」主体は児童生徒本人であるため，カリキュラム・マネジメントにおいても児童生徒のキャリア発達を促すことを踏まえる必要がある。

例えば技能検定において受けた評価結果は，日頃の作業学習における技能を高める必然性や，国語における質疑応答等のコミュニケーション能力を高める必然性に気付くきっかけとなる。あるいは共に検定を受ける他校の生徒の姿勢を見て，自分の在り方を考えさせられたり，学びに向かう姿勢に刺激を受けたりすることが考えられる。このような「気付き」，「学び」，「育ち」を捉えて，各教科等をつないでいくカリキュラム・マネジメントが考えられる。

年間指導計画や単元題材計画を作成し実践する中で，学習評価を適切に行うことにより，一人一人の「学び」や「育ち」が把握される。その結果を踏まえた教育活動の見直しが必要であることは言うまでもないが，各教科等における関連付けを行うことが重要である。参考として，京都市の「キャリアデザイン」（本人が作成・活用する個別の諸支援計画）を活かしたインターンシップ後の振り返りを踏まえた生徒自身の各教科等への関連付け（図2）を示す。このように京都市では，生徒の振り返りによる気付きを，生徒自身が付箋に書き出し，各教科担当の教師と対話し申し出るというPDCAサイクルによって進めている。近年，充実が求められている意思決定支援にもつながる取組である。

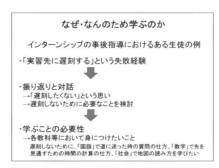

図2 振り返りを踏まえた生徒自身の各教科等への関連付け

3 今後の充実に向けて

今後のカリキュラム・マネジメントの充実に向けて求められることとして「資質・能力」の明確化と「学習評価」の活用が挙げられる。筆者はカリキュラム・マネジメントにおいては，①Container（入れ物：どの教科で学ぶか），②Contents（内容：何を学ぶか），③Context（文脈：なぜ・なんのため学ぶか，どんな力が身に付くか）の三つのCを踏まえる必要があると考えている。一般的に，従前は「教科」の枠組みがあり，その枠組みの中で具体的な「指導内容」を検討してきたわけであるが，キャリア発達支援において重視されてきた「なぜ・なんのため」という「文脈」を出発点として，あるいは「主体的・対話的な学び」の中で，「なぜ・なんのため」や「どのような力が身に付くか」に気付けるような「深い学び」が得られるよう展開していく必要がある。そのためには「資質・能力」に関する組織的な検討を進め，明確化し共有することが求められる。

また，学習評価は，児童生徒一人一人の育ちと授業の妥当性について「見取り」「評価」することにより把握し，改善を図る手段である。その結果を根拠として，カリキュラム・マネジメントのPDCAサイクルを確立することが求められる。この中でもとりわけ「単元・題材」レベルの評価が，分析的・総括的になされることが重要である（図3）と考える。その際には，児童生徒の育ちの把握と同様に「プロセス」を重視することが肝要であろう。

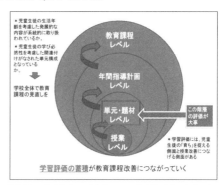

図3　カリキュラム・マネジメントに向けた評価の階層

〔参考文献〕
・京都市立総合支援学校職業学科編著『地域と共に進めるキャリア発達支援』ジアース教育新社，2017年

〈菊地 一文〉

📎 カリキュラム・マネジメントの視点

本来，教科等横断的な視点であるキャリア教育の観点からカリキュラム・マネジメントを実施する際の重要な視座を与えている。中央教育審議会（2016）の報告に示されたカリキュラム・マネジメントの三つの側面をキャリア教育との関連において解説した見方や捉え方は，教育課程の改善に生かしたいポイントである。とりわけ地域協働活動の実践成果を踏まえた「価値付け，関連付け，意味付け」の重要性を視点にもつことが重要と言える。

3 新規研究開発等におけるカリキュラム・マネジメント

青森県特別支援学校技能検定・発表会を活用した取組

■特別支援学校高等部1年　■情報

1 取組に至る経緯

　全国的に展開されている技能検定だが，青森県では，夢や志の実現を目指す特別支援学校技能検定開発事業を通して平成27年度にプレ大会，平成28年度から本大会を実施している。清掃，接客，PC入力といった職業技能部門の他に，プレゼンテーション発表，ポスター発表，パフォーマンス発表の分野で構成するコミュニケーション部門を設定し，名称を「青森県特別支援学校技能検定・発表会」（以下，「技能検定・発表会」）としている。

　技能検定・発表会の目的は，①高等部を設置する全ての県立特別支援学校が一堂に会し，各校の教育活動の成果を共有すること，②評価を受けることにより，生徒が自信をもち，卒業後の社会的・職業的自立に向けた意欲を高めること，③企業等をはじめ，県民の理解啓発を図ることで，産業現場等における実習の受入や雇用機会の拡大につなげるなど，共生社会の形成に資すること，の3点である。

　本県の独自性として，職業技能部門とコミュニケーション部門を設定することにより，障害種や障害の状態に関わらず幅広い生徒を対象とし，生徒の「思い」「願い」「表現」を重視することに主眼を置いている。特にコミュニケーション部門の全分野において，生徒の発表終了後，審査員との質疑応答による双方向のコミュニケーションが成立するようになっている。その部分も審査の対象となり，初級，中級，上級の三つの級を認定している。

　これまでに発表されたテーマや内容について，プレゼンテーション発表分野では，「自分のあこがれの人」「車いすバスケットボールについて」「なりたい自分について」，ポスター発表分野では，「人気のある観光地にするために」「青春の1ページ」「進路実現に向けて」「3年間の努力の証」，パフォーマンス分野では，器楽演奏，朗読と演奏，ダンス，空手演武，競技ヨーヨーなどがあった。

　技能検定・発表会の開発と実施に当たっては，県全体の取組であることから，高等部設置校だけではなく，全特別支援学校の教師によるワーキングチーム検討会議が立ち上げられ，学校，学部，障害種の枠を超えて準備を進めた。評価表の作成に当たり，職業技能部門では，先行実施している他の自治体の評価表を参考にしたが，コミュニケーション部門では，前例がないため，局のアナウンサーなど外部人材の助言を活用しながら検討を進めた。ワーキングチームにおいて，共通理解を図ったことを以下に挙げる。①発表の評価項目と観点別評価を関連付けること（図1参照），②その観点別評価の設定により，評価の妥当性を高めること，③評価項目と観点別評価を授業に活用できるようにし，大会当日の

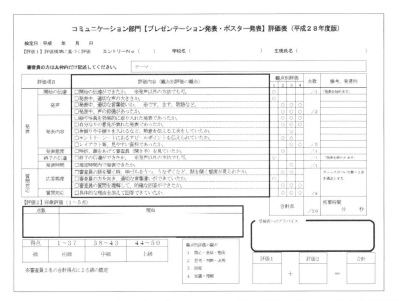

図1　コミュニケーション部門プレゼンテーション発表分野・ポスター発表分野評価表

発表と日々の授業との関連性をもたせること，④発表までに取り組んできた活動をアピールポイントとして，事前に審査員へ伝え，それを基に質疑応答をし，そのやり取りも評価すること，⑤審査員からのアドバイスを評価表に記述していただき，生徒への称賛と改善点等をフィードバックすること。評価表については，毎年ワーキングチームが検討し，改訂版を作成している。なお，評価表及びアピールポイントを記述するPRシートの詳細は，「青森県特別支援教育情報サイト」で公開している。

以下，技能検定・発表会の活用によるカリキュラム・マネジメントの取組について，実践した教師の記録及び聞き取りより記述する。

2 カリキュラム・マネジメントに向けて

技能検定・発表会の学習活動と教育課程の位置付けとの関連について，職業技能部門の清掃分野や接客分野は，先行して実施している自治体でも取り組まれている作業学習（藤川・松見・菊地，2016）との関連が考えられる。しかし，コミュニケーション部門においては先例がないことから，各校でどのように教育課程に位置付けるか検討する必要があった。そのため，技能検定・発表会の学習活動を日々の授業と関連付けることを目的とし，指導計画に技能検定・発表会の活動を取り入れ，実践することとした。指導者はコミュニケーション部門のプレゼンテーション発表分野と教科「情報」を関連させて取り組んだ。

3 取組の展開

（1）　指導の目標

教科「情報」の年間指導計画によれば，目標の一つに「情報を収集，処理，表現するとともに効果的にコミュニケーションを行う能力を養い，情報社会に積極的に参画する態度

を育てる」とあることから，単元「情報を整理して伝える」の一環として取り組んだ。

(2) 評価の観点

技能検定・発表会の学習活動と単元の指導内容が関連し，技能検定・発表会の学習活動が授業へ反映されるのかについて評価する。

(3) 指導計画

単元名「情報を整理して伝える」

	指導内容	目　標	評　価			
			関心・意欲・態度	思考・判断・表現	技能	知識・理解
1	情報を収集・整理する手段	問題を解決する手順と方法を知る。	○	○		○
2	プレゼンテーションソフトウェアの使い方	プレゼンテーションソフトウェアを活用した情報発信の方法を知り，情報を発信することができる。		○	○	○
3	情報の表現・伝達の工夫	情報を相手に効果的に伝えるための手順と方法を知る。	○	○	○	

(4) 指導の実際

単元を通して評価場面と生徒同士の学習に重点を置いて指導した。具体的には，ビデオ等を活用して，生徒が技能検定・発表会の評価表を基に自己評価をする場面を設定したり，技能検定・発表会において実際に審査員が記述した評価や助言を活用し，どうしたら相手に伝わるかを考え，間の取り方や表情に気を付けながら自分で確認できるようにしたりした。また，友達が審査員役となり，生徒同士が互いに評価し合う相互評価の場面を設定するなど，様々な評価を取り入れた。

生徒同士の学習では，相互評価だけではなく，プレゼンテーションソフトに関する技術的な表現方法を提案し合うなど，対話により本人が「気付く」場面を設け，個人的な学習や作業とならないように授業を展開した。

4 取組の振り返り

(1) 生徒の変容

技能検定・発表会で発表するという目標をもつことで，情報収集，情報整理，発表の構成，スライド作成，発表原稿作成，発表練習といった一連の学習場面において意欲的に取り組んでいた。評価場面の設定により，相手を意識した間の取り方や抑揚をつけて話すことなど，話し方の技術の向上につながっている。また，友達のプレゼンテーションを聞くことで，自分が発表する際に身振りを加えたり，声の大きさに気を付けたりするなど，改

めて自分を振り返ることができ，聞くことの大切さを生徒が知る機会にもなっている。また，各課題において，自分で達成可能な目標を立て，一つ一つ達成したことにより，他の教科においても自信をもって学習するようになってきている。ある生徒は，技能検定・発表会の学習について，「自分自身を伸ばす」学習であり，技能検定・発表会を「自分が成長する夢のステージ」であると振り返っていた。

（2） 成果とさらなる課題

技能検定・発表会において，生徒の「思い」や「願い」を表現したいという意欲が重要である。技能検定・発表会の学習活動と単元の指導内容を関連させることをねらいとしたが，その生徒の「思い」や「願い」を基盤とし，プレゼンテーションを作成する知識や技能，効果的に伝達するための思考・判断・表現する力が向上していったと考えられる。また，技能検定・発表会の観点別評価を活用することにより，生徒の力を総合的に伸ばすことができた。

生徒が技能検定・発表会で経験した他者に伝わる喜び，審査員の称賛や助言により，さらに表現したいという「思い」は，学校見学会や総合的な学習の時間等においても設定することができた。

課題として，生徒の「思い」を表現する学習は，国語の学習内容で取り組んだ作文等を情報の本単元で発展させる形で関連付けることが考えられる。今後は，学校全体で教育課程を検討する際，各教科等の教育内容を相互の関係で捉え，学校教育目標を踏まえた教科等横断的な視点で，その目標の達成に必要な教育の内容を組織的に配列できるようにする必要がある。

また，技能検定・発表会の評価表における観点別評価は，各評価項目に設定されているため，各授業で取り扱う学習活動の評価として活用したほか，単元の観点別評価を再検討する上で参考となったことが成果として挙げられるが，技能検定・発表会の評価表の妥当性を高めるためにも，評価表を授業で活用した事例や教師の意見を集約し，ワーキングチームで検討を重ねる必要がある。

〔参考文献〕
・藤川雅人・松見和樹・菊地一文「特別支援学校（知的障害）高等部における技能検定についての調査研究」，『発達障害研究』38⑶，P.314～324，2016年

〈藤川 雅人〉

📎 カリキュラム・マネジメントの視点

教育行政の立場から，各学校が取り組む日々の学習について，その意義を深めるために技能検定・発表会を企画した取組である。コンセプト作りでは，多様な関係者の参画のもと，検討を進められるよう並行して体制作りや会議の場作りが行われた。また，審査に係る評価表等のコンテンツ作り，運営プログラム作り等を組織的に推進するなど，生徒の学びの文脈をデザインし，各学校のカリキュラム・マネジメントを支援した取組である。

3 新規研究開発等におけるカリキュラム・マネジメント

模擬株式会社による作業学習の充実
～「社会に開かれた教育課程」と「協同学習」の活用～

■特別支援学校高等部3年 ■作業学習

1 取組に至る経過

　本校には，中学校の通常の学級からの入学生が全体の1/3を占めるなど，知的障害や発達障害を伴う生徒が在籍している。話し言葉の力や知識に比べて社会性の発達に遅れがあり，障害認識と自己理解が難しい生徒も増えつつある。卒業生の就労先は流通・サービス関係にも広がり，幅広い職業能力・技能・態度を育成することが課題となっていた。

　そこで，生徒が作業学習の目的意識を強くもてるよう，働くことの動機付けを高め就労生活への円滑な移行を目指した取組を行った。作業学習や受注作業，販売等について，「会社の仕事」として業務を行うという役割意識を生徒がもてるようにするとともに，仕入や在庫管理，販売・会計のプロセスを体験する学習，そして地域の関係機関の業務の補助サービスや商品開発を進める学習活動の枠組みとなるよう，平成29年4月のPTA総会において「模擬株式会社 IMAKANE FACTORY」の設立と定款を決定し，6月の模擬株式会社総会で生徒全員が一人500円の出資金をPTAから受けて模擬株主及び社員となった。

2 カリキュラム・マネジメントに向けて

　学級担任は，作業計画を立てて作業し，作業後に生徒が成果と課題をPDCAサイクルで振り返り，「1日日誌」に書くように進めた。学年主任は，国語・数学の授業を学級単位で行い，教科の内容と各教科等を合わせた指導との関連付けを図って，生徒が教科で学んだ事項を作業学習で活用することができるようにした。学校経営としては，生徒の実態の変化と就労先の拡大を踏まえて，専門高校の内容を参考に「模擬株式会社」組織を設けて，専門学科の作業学習，地域の関係機関や陶芸家と連携した商品開発と販売，地域の関係機関の業務の補助的作業も会社の業務に位置付けた。

3 取組の展開

(1) 指導の目標
・与えられた役割を果たすことができる。
・置かれた状況の中で，自分の担当した作業の内容や進捗状況の他，他の作業を分担した生徒の状況も把握して，組織的な考え方や行動をしながら作業を進めることができる。

(2) 評価の観点
・指示や作業の内容を正確に理解し，これまで学んだ知識や技術を生かして，決められた

期限内に，分担した業務をやり遂げ，製品を製作することができる。
・他の係と連絡・調整したり，全員の動きを把握したりしながら，自分の役割を考えて作業に取り組むことができる。

（3） 指導計画

第1時	受注品の納品に向けて
[学習活動]	[指導上の留意点]
・飲食店からの受注内容（皿の枚数や用途，釉薬など）を知る。 ・納品までのスケジュールを立てる。	・発注したお客様の思いを考えるよう促し，よい製品作りへの意欲を高める。 ・数学科の授業で関連付けて指導する。

第2～4時	試作品の作成
[学習活動]	[指導上の留意点]
・製品の粘土の厚さや形の基準を理解する。 ・必要な粘土の量を理解し，はかりで測定して必要量を準備する。 ・製作に必要な知識と技術を身に付ける。	・同じ規格の製品作りの必要性を，使う人の立場から理解できるように説明する。 ・作業学習と関連付けて，数学の授業でも，「はかり」の学習を事前に行う。 ・小テストで学習の定着度を確認する。

第5～6時	組織図の活用
[学習活動]	[指導上の留意点]
・全ての仕事の種類と量を明確にして，生徒が担当する枚数，検品係，給食や掃除の連絡・調整係など各係を決める。 ・想定外を含め，起きるかもしれない失敗について考え，対応する手立てを考える。 ・チーム内の各連絡系統で，予想される報告・連絡・相談の進め方を身に付ける。	・係は全員が責任者となるように「組織図」（図1）[1]を提示して，役割分担を考えるよう促す。また，数学科の「平均や割合の考え方」の単元と関連付け，特定の人の負担の大きさに気付けるように促す。 ・国語科でも，「組織図」を活用して，誰にどのような伝え方で伝えることが正しいかなどを指導する。

第7～15時	製品の製作
[学習活動]	[指導上の留意点]
・各担当者が分担した製品を完成させる。	・報告・連絡・相談，係間の調整など，「組織図」を使いながら助言する。

第16時	納品と振り返り
[学習活動]	[指導上の留意点]
・完成した製品を納品する。 ・計画から納品までの過程の中でよかった部分と改善点を整理する。 ・次の受注品に向けた計画を立てる。	・発注者からの感謝の言葉を伝える。 ・PDCAサイクルの考え方に基づいて作成したワークシートを使用する。

（4） 指導の実際

3年産業科7名が町内外の飲食店3店から，スクウェア皿15枚，長皿5枚，楕円皿5枚，大皿9枚，フリーカップ5個の製造を受注した。スクウェア皿の受注では，T飲食店料理長から直接に農業科が生産した玉ねぎを使って磯辺揚げを盛り付けるほか，煮物も盛り付けられるように，皿の縁の角度について助言を受けた。また，料理長が持ちやすく，使用後は重ねて収納しやすい皿の深さについても助言を受けて，製品の規格を最終決定した。

次に、生徒が受注品の作業計画をどのように作成するのか話し合う場面を設定し、組織図を活用しながら、協同学習の5要素を作業計画等に位置付けた。

初めに、「全員が製品製作の分担をして協力して製造する」（①互恵的な相互関係）ことを目指して、組織図を活用しながら、製造担当や責

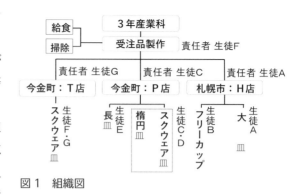

図1　組織図

任者を決めた。その際に普段は自信がなく、なかなか自分から責任のある仕事を引き受けることがなかったE君が、「これって、できるの自分しかいないよね、やります」と発言した。今までとは違う発言にどうしてそう思ったかE君に聞いてみると、「組織図を見ると、他の人はみんな二つの仕事をもっているけど、自分は一つしか担当していないから自分がやるべきだと思いました」と発言して、給食準備の調整役を買って出た。E君が窯業作業と給食準備の担当を担うことで、作業に遅れが出ないようにすることができた。

作業分担を決めて、作業の見通しを立てた後に、成型の作業に入った。生徒自ら自分たちの進捗状況を「スクウェア皿3個終わり」などと黒板の組織図に書き加えて、自分の作業の進捗状況をチームの全員が確認できるようにした。製品を作り終わったら、ペアの生徒がお互いに相手の製品の検品係となり、最後に教師が検品して、ペアの生徒に分かりやすく正確に改善事項を伝えるように促した。授業では、組織図を活用しながら、「生徒同士が製造方法について助言し合ったり、製品の仕上がり状態を検品し合ったり、評価し合ったりする」（②対面的なやりとり）、「一人一人の作業分担を明確にするともに、作業の進捗状況を見てほかの人の作業が進むよう手助けする」（③個人としての責任）、「作業の進め方や製品の修正すべきところなど、正確に報告・連絡・相談する」（④協同学習スキル）、「（組織図を見ながら）どのように助け合ったり、協力し合ったりしたらチームがうまくいったか振り返る」（⑤チームの振り返り）ことを生徒が確認し合いながら作業した。

このように協同学習の5要素を授業を盛り込み、「見える化」を実現する組織図を活用していくことで、これまで「協力して作業する」という指示を受けると、自分が優先すべき作業よりも他の人の手伝いをしようとすることが多かった生徒が、自分の状況や周りの状況を把握して、製品を製作する途中で生まれる乾燥を待つための空き時間で「板伸ばしだけでも手伝いますか？」などと他の担当者に言葉をかけて「みんなで協力して作業する」ことが主体的かつ的確にできるようになった。

4 取組の振り返り

（1）　生徒の変容

① 生徒の受注品製作に対する考え方が、「自己目標の達成や成長のために努力した結果

がお客様のためになる」という考え方から、「まず、お客様のことを考えた上で、チームの中で自分はどのような役割を担うべきか」を考えるように変わった。
② 生徒は知識や技術を習得しようという意欲が高まり、学んだ知識を作業ノートにまとめ直したり、授業以外の時間に技術面の助言を教師に聞きに行ったりすることが増えた。
③ 組織図などで自分の働きが会社にどのように貢献できるかを理解できたことにより、「自分の障がい特性と課題を理解して、改善のための手立てを考えること」や「長所をどのように生かすか」など、責任をもって取り組むために自分ができることをノートに書いて試行錯誤しながらも取り組むようになった。
④ 生徒たちは、締切までの作業の時間配分や必要な作業量を計算して、見通しをもって組織的・計画的に自ら工夫して行動できるようになった。
⑤ 「会社の一員である」という考え方をもてたことで、お互いに手助けし合うなどチームワークの意識が高まり、生徒集団は協同の精神をもつ集団へと質的に大きく変わった。

(2) 成果とさらなる課題

協同学習と組織図を活用したことにより、協同の精神に支えられたチームとしての学習集団が形成され、自主的な協同的問題解決が図られるようになり、模擬株式会社の生産性が向上した。また、前時や各教科等の教育内容を相互に関連付けながら、その目標の達成に必要な教育の内容を組織的に各教科等や作業学習に配列していくことで、生徒は社会自立に向けて自己の課題と向き合い、改善する手立てを考えてチャレンジするようになった。

さらなる課題としては、生徒が購入者の基準で製品を自己評価できるよう、製品を今金町のふるさと納税返礼品とし、製品発送と評価をいただくシステムを構築することである。

1) 作業の目的や作業グループ、作業担当者の氏名や作業分担、作業の流れ、連絡系統等を示した構造図。
※ 事例は3学年産業科学級担任の鐘ヶ江真知教諭、副担任の亀田倫代教諭の実践記録に加筆修正した。

〔参考文献〕
・涌井恵「協同学習による学習障害児支援プログラムの開発に関する研究～学力と社会性と仲間関係の促進の観点から～」、文部科学省科学研究費補助金（若手研究（B）研究報告書）、2006年

〈髙嶋 利次郎〉

📎 カリキュラム・マネジメントの視点

働くことや社会参加することを体験的に学習するために、PTAの理解と支援を受けて模擬会社を設立し、地域の関係機関とも連携を図ってキャリア教育に取り組んだ実践である。授業づくりにおいては、カリキュラム・マネジメントを促進する要因の一つである「ルール作り」を着眼点にして、「組織図」や「協同学習の5要素」を活用している。自分が関わる組織全体の動きを俯瞰しながら活動を遂行する力や組織に貢献する意欲を高めている。

3 新規研究開発等におけるカリキュラム・マネジメント

花壇整備で広がるESD
~地域ボランティアと共に育てる花壇~

■ 特別支援学校高等部　■ 作業学習（園芸班）

1 取組に至る経緯

　愛知県立みあい特別支援学校は，開校以来，地域に開かれた学校づくりを目指し，学区の園・小・中・高等学校や老人会との交流及び共同学習，近隣施設との協働活動，地域の専門家による授業などを多く展開してきた。障害のある人もない人も共に大切にされる「共生社会の実現」をテーマに，平成26年度ユネスコスクールに加盟した。愛知県教育委員会の事業である「地域とふれあう学校づくり推進事業」や「道徳教育推進事業」，文部科学省や文化庁，ユネスコアジア文化センター（ACCU）の各種事業に積極的に応募し，その助成金によって人的・物的資源を活用しながらESD活動の充実を図ってきた。

　地域ボランティアの活用をしたいという思いもあったが，安易な導入は校内に混乱を招きかねないと危惧する声もあり，実施にこぎつけていなかった。そのような状況の中，かねてから課題となっていた，学校のフェンス外にある余剰地を植栽率向上のために利用したらどうかというアイディアが生まれた。県教育委員会に申し出たところ計画が採択され，花壇整備が実現した。学校から歩いて10分ほどの場所で近隣小学校の裏手に位置している。これまでも児童生徒が日常的に散歩やジョギングに出掛け，地域の人が朝夕に散歩するコースにある。しかしながら草花の栽培は，年間を通じて手間がかかり，教職員の負担が増加することも心配であった。そこで，花壇整備を作業学習の中に取り込み，ESD活動として位置付け，花壇整備ボランティアを募集することにした。本校のESDで展開している「社会に参加する活動」，「社会に役立つ活動」の一つとなった。

2 カリキュラム・マネジメントに向けて

① 　学校経営目標に「ESDの視点による教育活動」を掲げ，すべての教育活動でESD「持続可能な開発のための教育」を心掛けて取り組むよう周知した。
② 　活動を統括する組織として校務分掌にESD部を設置し，ESD主任を指名した。
③ 　教職員を対象にESDに関する研修会を実施し，意識向上を図った。校内講師以外にも，ユネスコスクール支援事業を活用し，年1回は外部講師を招いている。
④ 　花壇整備は高等部作業学習（園芸）として，年間指導計画に沿って実施する。担当者は花壇の状況や整備交流の写真を廊下に掲示し，園芸班の生徒のがんばりやボランティアの活躍を紹介した。また，他の領域・教科等の授業での利用促進につながるよう，職員会や部会，打ち合わせ等で教職員に情報発信した。また，生徒と地域ボランティアで

整備している花壇であることが分かる立札を製作し，花壇に設置した。
⑤　地域の回覧板でボランティアと花壇の名称を募集した。チラシはESD部で作成し，教頭が自治区総代に学区全戸への回覧を依頼した。教職員からはどんな花壇にしたいかアイディアを募集し，児童生徒からも名称を募集した。

3 取組の展開

（1）　指導の目標
・花壇整備交流の中で，地域の人との会話を通して，コミュニケーション力を高める。
・花壇整備を通して，地域の人から褒められたり，地域に役立っていると感じたりすることで，自己有用感を高める。
・草花の世話を通して，自分の担当する仕事への責任感を育む。

（2）　評価の観点
・作業や休憩時間の生徒の言動や表情の観察から変化を見る。長期的には担任による日常生活でのコミュニケーション力の変化も合わせて評価する。
・毎回，コミュニケーションと自己有用感に関する5段階の選択アンケートを生徒とボランティアに実施し，1年を通した変化を見る。ワークシートへの目標や反省の記述から生徒の変化を読み取る。
・友達やボランティアと協力し，意欲的に作業ができたかを作業の様子から知る。

（3）　指導計画（36時間：4時間×9回，6月～2月は各月1回，8月を除く）

第1回	場所：ふれあいロード	
	[学習活動]	[指導上の留意点]
	・ボランティアとの顔合わせ，自己紹介。 ・班ごとに作業内容と方法を確認。ワークシートを見て本日の目標を確認する。 ・協力して草取り及び石拾いを行う。 ・休憩及びお茶タイム。 ・作業の振り返り。ワークシートに反省を書いて，ボランティアに見せる。「頑張りシール」を貼ってもらう。 ・ボランティアへのお礼と，次回の協力依頼。	・参加者の名札を用意しておく。 ・生徒の実態に適した作業を分担し，ボランティアにも協力を依頼する。 ・作業効率よりも交流を重視する。 ・安全で適切な場所で休憩する。 ・花壇がきれいになったことを互いに認め合い，褒めてもらう。生徒からボランティアに言葉をかけるよう促す。 ・個々で感謝の気持ちを表現する。

第2～8回	場所：ふれあいロード	
	[学習活動]	[指導上の留意点]
	・挨拶，互いの名前の確認。 ・作業内容と留意事項の確認。 ・作業。 ・休憩及びお茶タイム。ボランティアに言葉をかけ，歓談しながら休憩する。 ・ワークシートに反省を書き，ボランティアに見せ，コメントとシールをもらう。 ・お礼と挨拶。	・班分けと交流相手は原則，固定する。 ・生徒の実態に合わせて分担しておく。 ・共同作業や会話が弾むよう促す。 ・交流のない日の授業で，言葉遣いや接待の方法の学習をしておく。 ・ボランティアには生徒のよかった点を伝えてもらうよう，お願いする。 ・次回への協力と再会を依頼する。

第9回	場所：本校会議室

[学習活動]	[指導上の留意点]
・ボランティアを玄関から会議室へ案内。 ・会のはじめの挨拶。 ・年間の花壇整備の写真やVTRの視聴。 ・生徒とボランティアの感想の発表。 ・お礼の品の手渡し。 ・お茶を飲みながら歓談。 ・閉会挨拶，玄関まで見送り。	・玄関で待機し，ボランティアを出迎える。 ・会の進行を事前に生徒に分担しておく。 ・教師が大型テレビでプレゼンする。 ・自主的な言葉や表現を促す。 ・作業製品でお礼の品を用意しておく。 ・生徒が湯茶でもてなす。 ・相手に気持ちのよい見送りをする。

（4） 指導の実際

ボランティアは，地域の回覧板と学校のホームページで募集し，7名の応募があったが，平日午前の活動のため，実際には4名の参加になった。11名の園芸班を四つのグループに分け，年間を通じて同じ班で作業をすることにした。

学校出発前に生徒は，ワークシートに本日の作業内容や作業目標を記入し，ボランティアの名前とどんな話をしたいのかを確認した。基本的なコミュニケーションとして「今日はよろしくお願いします」，「ありがとうございます」，「ワークシートを見てください」など，一通り復唱してから出掛けた。現地に到着し，ボランティアとの挨拶の後，教師から作業の留意事項を聞き，活動に入る。草取り用の鎌をボランティアに「使ってくださ

写真1　ボランティアとの花壇整備

写真2　コメントをもらう

い」，「軍手はありますか」などの言葉をかけて，作業を開始した。作業中は，取った草を竹箕に集め，生徒が草置き場まで運ぶ。花と草の区別が難しい生徒には，広い場所の石拾いや草取りの担当になるよう事前に作業分担した。

休憩時間には，「紙コップをどうぞ」，「コーヒーと紅茶，どれがいいですか」，「お湯を入れます」，「焼き芋をどうぞ」などの定型的な言葉も会話の補助になった。交流前の授業で，季節に応じた接待の仕方を学習したことで上手に接待ができた。作業の終わりには，生徒がワークシートをボランティアに見せ，作業の感想についての一言コメントをもらい，「頑張りシール」を貼ってもらった。ボランティアから褒められて素直に喜ぶ生徒や，照れながらも「ありがとうございます」と言う生徒，普段は人見知りで気持ちを表現することが苦手な生徒も，素直にお礼を言うことができた。

4 取組の振り返り

(1) 生徒の変容

　園芸班の教師とボランティアのアンケート結果では，回を重ねるにつれ，生徒がボランティアの言葉にうなずいたり，笑顔で接したりするようになったという回答が得られた。生徒のワークシートでは「もっといろいろな話がしたい，次回はいっぱいしゃべりたい」という記述が見られ，ボランティアとの会話を増やしたいという意識が高まった。特にリーダー的な生徒は，自分からボランティアに学校の出来事や進路希望を話す場面も見られた。ボランティアが生徒の特性や性格を理解して，生徒にふさわしい会話や質問をすることが多くなったため，互いに親密感が増し，会話が増えた。自己有用感に関するアンケート結果では，変化はわずかではあったが向上した。ワークシートに「ボランティアさんや先生に褒められてうれしかった，花壇がきれいになってうれしい」と書くなど，達成感に関する記述が増え，作業中に散歩をしている人から「ご苦労様，きれいになるね」と言葉をかけられると笑顔で「ありがとうございます」と答える生徒も出てきた。

(2) 成果とさらなる課題

　ボランティアとして花壇整備に参加してくれた人は，もともと本校のために力になりたいという気持ちをもっている人であるが，花壇整備という協働作業を通してより深く生徒と関わり，障害の程度も個性も一人一人違うことを理解してくれた。今後も「共生社会の実現」に向けて，児童生徒が進んで地域に出掛け，人々と直接触れ合う活動を大切にしていきたい。また，花壇を整備したことで，全校の児童生徒が以前にも増して散策に出掛けるようになり，地域の人と出会う機会が増えた。木工班は手作りテーブルや椅子を設置し，美術の授業では花壇の一角にモザイクアートを施工するなど，園芸班以外の児童生徒にとっても活動が広がり，成果を発信する場になった。さらに，ボランティアに授業公開の案内をしたところ，授業の様子を見に来てくれた人もいる。花壇整備にとどまらず，学校のサポーター，障害児・者への理解者として地域に根付いてほしいと願っている。

〔参考文献〕
・長尾健太郎「自己有用感を高めるESD活動の研究」平成28年度愛知県教育研究リーダー養成研修報告書
・杉浦真理子編著『知的障害特別支援学校の未来志向の学校づくり』ジアース教育新社，2017年

〈杉浦 真理子〉

📎 カリキュラム・マネジメントの視点

持続可能な開発の視点からカリキュラム・マネジメントを展開し，地域住民との交流や社会貢献の意識を高める取組として花壇整備活動が展開された。これらの特徴的な取組に限らず，地域に開かれた学校づくりを標榜し，各種の人的・物的資源を活用した教育活動を実施している。加えて，校内組織整備や地域への情報発信を積極的に行い，地域住民の学校に対する関心を高めるとともに，共生社会の実現を目指した着実な取組を実施している。

3 新規研究開発等におけるカリキュラム・マネジメント

教育課程研究とカリキュラム・マネジメント
～特別支援学校における教育課程の編成等についての実践研究～

■ 特別支援学校小学部～高等部　■ 文部科学省委託事業教育課程実践研究

1 取組に至る経緯

　石川県立明和特別支援学校では，平成14年度より２年間の教育課程の研究において，小学部，中学部，高等部の各教科等の指導内容表を作成し，必要に応じて改善・更新しながら，指導の土台として活用してきた。しかしながら，最初の指導内容表の作成から10年以上が経過し，これからの時代を生き抜く子供たちに「育成を目指す資質・能力」が身に付く指導内容等の抜本的な見直しが求められている。

　そこで，平成28年度から２か年計画で，障害のある児童生徒のための教科の改善・充実等について，学習指導要領の改訂に即して，新しい時代に求められる資質・能力を踏まえた特別支援学校における指導等の内容を検討し，児童生徒一人一人の可能性を最大限に伸長する教育課程等の在り方について，学校研究を進めることとした。

2 カリキュラム・マネジメントに向けて

　本校では，小学部，中学部，知的障害教育部門高等部，肢体不自由教育部門高等部の各学部で，部主事や研究推進委員が中心となり，月１回程度の各部研究会において研究を進めている。各部で，協議された内容を全校で共通理解するために，校長，教頭，部主事と各部の研究推進委員が集まる全体研究推進委員会も年間９回程度開かれており，管理職のみがカリキュラム・マネジメントを進めるのではなく，各部の実情に合わせて教師一人一人の意見を反映できる体制を採っている。各学部の方針を尊重しながら，教育課程に関する研究では学部間の連続性や系統性を検討する必要もあることから，以下の内容を，学校全体で共通理解して取り組むこととした。

① 学校目標，学部目標等から，児童生徒の将来を見据えた目指す姿を明確にし，目指す姿を実現するための教育課程の改善を図る。
② 各学部の研究グループごとに，国語，数学などの知的障害のある児童生徒の教科の在り方を検討し，「新しい時代に求められる資質・能力」（本校では「つけたい力」）を踏まえた指導内容の改善を組織的に行う（「つけたい力を考えるシート（試案）」を使用）。
③ 国語・数学などの知的障害のある児童生徒の各教科とその他の教科，領域との関連など教科等横断的な学習内容の検討・改善を図る。

3 取組の展開

(1) 研究の目的

平成28～29年度の2か年は,学校独自で「障害のある児童生徒のための教科の改善・充実などについて,学習指導要領改訂の方向性に即して,新しい時代に求められる資質・能力を踏まえた特別支援学校における指導等の内容を検討し,児童生徒一人一人の可能性を最大限に伸長する教育課程等の在り方について考える」ことを目的に研究を行ってきた。

(2) 研究評価の観点

① 知的障害等のある児童生徒にとっての「主体的・対話的で深い学び」を検証し,授業づくりを評価する。
② 「新しい時代に求められる資質・能力」に基づく指導内容の改善を行い,その妥当性について評価する。
③ 改善した指導内容,指導方法に基づいて授業実践し,学部類型ごとに抽出児童生徒の変容について評価する。

(3) 研究の計画及び実践内容

年度	計画・実践内容等
平成28年度	[計画] ・新学習指導要領に向けた指導内容の改善 ・特別支援学校における教科の指導の充実 [実践] 1 各部における児童生徒の目指す姿の検討 2 各学部等の研究テーマ設定 　(1) 小学部「集団活動をとおして聞く力や表現する力を育てる国語科の授業づくり」 　(2) 中学部「主体的な学びの姿を目指す授業づくり」—国語・数学をとおして— 　(3) 知的障害教育部門高等部「社会参加に向けた授業づくりについて」—国語・数学から広がる学びを目指して— 　(4) 肢体不自由部門高等部「教科指導の充実」—卒業後の生活に生かすために— 3 目指す姿の実現に向けての授業づくり等の実践 [成果] ・新しい学習指導要領に向けて,各部で目指す児童生徒像を明らかにしながら,授業や指導内容の改善について検討することができた。 [課題] ・目指す姿と「新しい時代に求められる資質・能力」の関連をどのように捉え,指導内容や授業に反映させるか,改善の方向性を明確にすること。
平成29年度	[計画] ・「新しい時代に求められる資質・能力」を「つけたい力」として「つけたい力を考えるシート」(試案)を活用して,各部で研究対象とした教科の指導内容を改善する。 ・改善した指導内容をもとに,研究授業や事例研究を行い,その妥当性を検証する。

平成29年度

[実践]
1. 目指す姿とつけたい力
   前年度に各学部で検討した児童生徒の「目指す姿」について，学校目標や学部目標等との関連を再考し，各教科等における「つけたい力」の内容を検討した。
2. 指導内容の改善
   「つけたい力を考えるシート」を活用して従来の「指導内容表」の改善を行った。
3. 「つけたい力」が身に付く授業づくりについての実践
   外部から共同研究者を招聘して実施した研究授業や事例研究等を通して，「つけたい力」が身に付く指導方法や支援の在り方，指導内容等の改善に取り組んだ。

[成果]
- 「つけたい力を考えるシート」を活用することで，「新しい時代に求められる資質・能力」を反映した指導内容等の改善の方向性が明確になった。

[課題]
- 研究対象とした教科と他の教科や領域等との関連について検証すること。
- 「つけたい力を考えるシート」で改善した指導内容がどのように授業に生かされるのか，授業改善との関連を明確にすること。
- 「主体的・対話的で深い学び」に向けた授業づくりについて，効果的な改善方法を検討すること。

平成30～31年

[計画]
1. 指導内容の改善
   前年度を踏まえて，「つけたい力を考えるシート」を活用し「新しい時代に求められる資質・能力」の視点で，各教科等の指導内容の検討及び改善を進める。
2. 改善した指導内容を生かす授業づくり
   「つけたい力を考えるシート」で改善した指導内容がどのように授業に生かされるのかを明確にし，「主体的・対話的で深い学び」を目指した授業づくりについて，効果的な指導・支援の方法を検討する。
3. 研究対象とした教科と他の教科や領域等との関連
   平成29年度に各学部で研究対象とした教科とその他の教科等との関連を検討する。

（4） 研究の実際

① 「つけたい力を考えるシート」（試案）による指導内容の改善

指導内容表の改善のために「つけたい力を考えるシート」（図1）を活用し，「新しい時代に求められる資質・能力」から，「つけたい力」が身に付く単元（題材）の選定を考えることとした。また，「何ができる

図1　つけたい力を考えるシート

ようになるか」，「何を学ぶか」，「どのように学ぶか」，「学習評価」までの改善を図り，年

度当初に作成したものを加除修正しながら使用することで，「どのような考え方で改善したか」も共有する。

②　事例研究等を通して見る児童生徒の変容と授業改善

事例対象児童生徒を抽出し，各部で記録シート等を工夫し，児童生徒の実態及び成長や変容を授業改善に生かす取組を行う。例えば小学部では，個別学習を中心に行っていた国語の授業を児童同士の関わり合いを大切にするため集団による学習の形態に変え，改善した指導内容で授業を行っている。記録シートには，評価規準となる具体的な行動を示し，授業ごとの変容を教師間で共通認識しながら進められるようにした。

③　教科横断的な視点による指導内容等の改善

まず知的障害教育部門高等部の指導案の形式に「他教科との関連」の項目を入れ施行した（図2)。その後，各学部で研究対象とした教科とその他の教科等との関連を学部ごとに検討し，整理する。

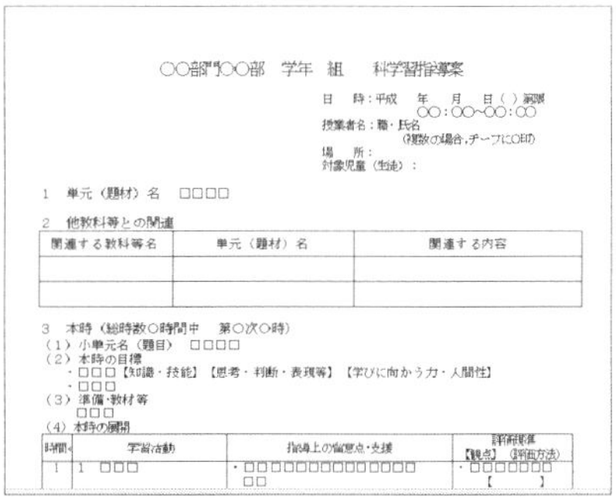
○○部門○○部　学年　組　　科学習指導案

日　時：平成　年　月　日（ ）校時
○○：○○~○○：○○
授業者名：職・氏名
（複数の場合，チーフに○印）
場　所：
対象児童（生徒）：

1　単元（題材）名　□□□□

2　他教科等との関連

関連する教科等名	単元（題材）名	関連する内容

3　本時（総時数○時間中　第○次○時）
（1）小単元名（題目）　□□□□
（2）本時の目標
・□□□【知識・技能】【思考・判断・表現等】【学びに向かう力・人間性】
・□□□
（3）準備・教材等
□□□
（4）本時の展開

時間	学習活動	指導上の留意点・支援	評価規準【観点】（評価方法）
1	1　□□□	・□□□□□□□□□□□□□□□□□	・□□□□□□□□【　】

図２　指導案の形式

4 取組の振り返り

平成28～29年度の研究の成果としては，新しい学習指導要領に向けて，各部で目指す児童生徒像を明らかにしながら，「つけたい力を考えるシート」を活用することで，「新しい時代に求められる資質・能力」を反映した指導内容等の改善の方向性が明確になり，授業改善につながった。例えば，知的障害教育部門高等部の国語の授業では，今まで「書く」内容が多く取り上げられてきたが，学部目標等から将来に必要な国語科における「つけたい力」を考え，「聞く・話す」の場面を授業で増やすこととした。「伝わった」と実感できる授業の大切さを教師間で認識することで，生徒が「また，インタビューしたい！」など授業後に自分から感想を述べる場面が増え，主体性や意欲の向上が見られた。そういった試みを積み重ね，「つけたい力を考えるシート」で改善した指導内容がどのように授業に生かされるのか，「主体的・対話的で深い学び」を目指した授業づくりについて，効果的な改善方法等を検討し，課題の改善へとつなげていく。平成31年度までの取組において，全校児童生徒一人一人の将来の豊かな生活を考えた教育課程等の改善を図っていきたい。

〈山本 静〉

カリキュラム・マネジメントの視点

学習指導要領の改訂を機に，学校教育目標を踏まえた各学部における「児童生徒の目指す姿」の検討や「指導内容の改善」に組織的に取り組んでいる実践である。教育課程研究が特定の教職員による取組ではなく，全校的な理解のもとに推進できるよう「場作り」，「体制作り」等に着眼したカリキュラム・マネジメントが行われている。指導内容の改善に関わって「つけたい力を考えるシート」の効果的な活用が図られ，授業改善にもつながった。

3 新規研究開発等におけるカリキュラム・マネジメント

外部専門家との連携とカリキュラム・マネジメント
～心理職活用の可能性を考える～

■ 特別支援学校　■ 外部人材の効果的活用

　近年，特別支援学校では，障害の重度化・重複化により，児童生徒に対する多様な個別支援のニーズが生じたことを背景に，指導方法の改善や教師の専門性向上を目的とした外部専門家との連携が進んでいる。本稿では，特別支援学校での外部専門家導入の経緯を踏まえた上で，特に知的障害特別支援学校での心理職の活用事例を，カリキュラム・マネジメントの視点から整理し，外部専門家との連携の目指すべき姿について検討してみたい。

1 特別支援学校における外部専門家導入の経緯

　平成17年の中央教育審議会答申「特別支援教育を推進するための制度の在り方について」により，医師，看護師，理学療法士，作業療法士，言語聴覚士等の外部専門家の活用が示された。続いて，文部科学省による特別支援学校等の指導充実事業（平成20,21年度）が実施され「PT，OT，ST等の外部専門家を活用した指導方法等の改善に関する実践研究事業」の成果が報告された。平成24年の「共生社会の形成に向けたインクルーシブ教育システム構築のための特別支援教育の推進（報告）」では，特別支援学校のセンター的機能を一層強化することが示され，外部専門家の活用により特別支援学校の専門性を確保することとされた。

　これらの経過を踏まえ，平成27年に「チームとしての学校の在り方と今後の改善方策について（答申）」が取りまとめられている。本答申においては，教師が，学校や子供たちの実態を踏まえ，学習指導や生徒指導等に取り組むことができるようにするため，指導体制の充実を行うこと，心理や福祉等の専門スタッフについて，職務内容等を明確化すること等により，質の確保と配置の充実を進めることが示されている。特別支援教育の充実のために「チームとしての学校」の必要性が強調されている。

2 心理職の活用事例

（1）　活用状況

　知的障害特別支援学校の心理職数は，全国特別支援学校長会の調査から筆者がまとめたところによると，平成24年度から28年度までの5年間で大きく増加している（表1）。

　東京都では平成24年度から外部専門家を知的障害特別支援学校に招き，現在全校配置している。平成29年の特別支援教育推進計画（第2期）には，心理職を「子どもの発達段階に応じた心理的ケアの充実」を目的に外部専門員として活用することが規定されている。

表1　知的障害特別支援学校に導入している心理職の人数の推移

	H24	H25	H26	H27	H28
臨床心理士	78	106	127	149	219
臨床発達心理士				55	83
合計	78	106	127	204	302

＊全国特別支援学校長会調査　報告4　人事厚生「導入している外部専門家について」より筆者まとめ
＊スクールカウンセラーは除く

（2）　東京都立城東特別支援学校の事例

　城東特別支援学校（知的障害：小学部，中学部）は，平成28年の開校当時から，学校長の方針により，多様な外部専門員を導入しており，平成29年現在，17名が配置されている。具体的には，臨床発達心理士1名，言語聴覚士1名，作業療法士2名，理学療養士1名，民間学習室代表1名，図書館司書1名，大学教員等4名，ソーシャルワーカー等3名，情報機器専門家1名，その他教材開発2名となっている。

　外部専門員の来校日時や相談内容は，コーディネーター，分掌担当者等3名が役割分担して調整している。一番の特徴は，ソーシャルワーカーを重点的に配置している点であり，これにより，福祉関係機関への速やかな「つなぎ」が可能となり，家族を含めた支援がスムーズにできるようになった。

　心理領域については，1名体制（月2〜3日，終日勤務）だが，担当の臨床発達心理士は開校時から継続しており，児童生徒の状況や学校事情を十分に把握し，教師に的確な助言を行っている。担当の綿貫愛子心理士へのインタビューによると，外部専門員としての心理職に求められる役割・留意点は以下のとおりである。

① 心理職ならではの専門性の発揮

　心理資格を有し，センター的機能の一環で他校に助言を行っている教師もおり，検査そのものは教師でも実施可能。こうした中，心理職には，検査の理論的背景を熟知した上で，エビデンスを踏まえた専門的見解を教師に伝えることが求められる。また，心理士は他の外部専門家の仕事内容も理解しているので，専門家の間でも連携が円滑に進んでいる。

② 教師の立場を理解した助言

　教師の指導が，学習指導要領中のどの部分に該当するかを理解し，教師の指導を尊重した助言を行う。学校内にある資源で，すぐに実施可能なことを助言している。心理学的根拠をもって，教材の色や大きさなどの改善を教師と共に手作りで行うことで，より個々の実態に合わせた指導が可能となった。

③ 教師の専門性向上を支える

　児童生徒の客観的指標によるアセスメントのため，特に小1と中1，中3では全員に，心理職が太田ステージに基づく発達検査を実施する。小学部は小1のみならず必要に応じてアセスメントの見直しを行う。教師も太田ステージの検査内容を理解しているため「同

じ言語」で「会話」することができ，教材づくりに素早く結び付けることが可能となっている。

心理職の一日の仕事の流れは図1のとおりである。

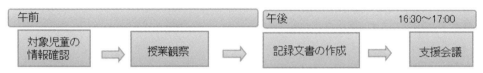

図1　心理職のある一日の流れ

午前中は担任が対象児童の指導方法についての相談内容をまとめた資料を確認した上で，対象児童の授業観察，午後に記録を作成し，担任，コーディネーター，学年主任等から成る支援会議の場で助言が行われる。教師は自分なりに考えた指導方法が，心理学的なエビデンスに基づく助言によって補強されることで，実践に自信をもてるようになった。

(3)　東京都立八王子特別支援学校の事例

八王子特別支援学校（知的障害：小学部，中学部，高等部）では，学校長の方針で，教師が児童生徒全員分の言語発達を中心としたアセスメントを作成する取組を継続することで，教師の専門性を向上させ，外部専門家に相談すべきことを明確化することに成果を上げている。平成29年度の外部専門員は，学識経験者，ST，OT，心理など10名体制であり，専門家とのマッチングや年間の来校計画等を，主幹教諭等から成る専門家連携プロジェクトチームが行っている。学校長は円滑な心理職の導入のために，まず研修会講師として依頼することで，教師に心理職の意義を実感してもらう工夫を行った。勤続4年になる担当の松本くみ子臨床発達心理士（年間36回，週1勤務）へのインタビューによると，心理職に求められる役割・留意点は以下のとおりである。

①　心理職ならではの専門性の発揮

支援ニーズが多様になる高等部の生徒の依頼が多く，心理的な問題を含め，より専門的な助言を求められる。担任が事前に作成した児童生徒のアセスメントシートを確認した上で，担任同席の下，児童生徒が楽しめる教材を用いて個別の行動観察を行うことにより，教師が気付きにくい児童生徒の長所を含めた特性を的確に把握し，担任に伝える。

②　教師の立場を理解した助言

「学校経営計画」を把握した上で，学校の方針に沿った実行可能な助言を心掛けている。多忙な教師の時間的負担の軽減のため，巡回中，授業の合間に教師から実践の報告を受け，教師が理解しやすい言葉で話し合う。教師個人への助言にとどまらず，組織であることを意識し，必要な情報を関係者全員に提供する。

③　教師の専門性向上を支える

個別の助言を受けた教師は，クラス全体の指導にも応用するようになり，自力で解決できる課題が多くなってくる。例えば，ある生徒用に表情や感情を理解させる教材案を提供したところ，クラス全体の作業学習の接客サービスの指導に応用し，効果を上げた。

心理職の一日の仕事の流れとしては、午前中は、3名程度の児童生徒を1人50分の枠で、担任同席の下、専用の教室で個別の行動観察によるアセスメントを行う。午後は、各児童生徒について担任とカンファレンスを行う。空いた時間を利用して巡回を行う。

3 カリキュラム・マネジメントの視点

上記2校の取組を踏まえると、共通点として、学校長のリーダーシップの下で、外部専門家を効果的に活用する体制が構築されていることが挙げられる。具体的には、①教師が、外部専門家と「会話」できる程度の専門性を有するようになっており、指導に積極的に生かしていること、②外部専門家が、学校の方針や教師の立場を理解した上で実行可能な助言を理解しやすく行っていること、③外部専門家との連絡・調整を複数の教師で分担する等、円滑な実施体制となっていること、が挙げられる。相違点として、アセスメント方法の違いがあることが挙げられるが、いずれも担任と直接対話を通して理解を共有できていた。外部専門家のマネジメントの際は、これらの点に留意すると効果的な活用ができると考える。

知的障害特別支援学校における外部専門家、特に心理職との連携は、まだまだ発展段階であり、「チームとしての学校」を進める上で、今後、大きな可能性を有する。武富の「知的障害教育におけるカリキュラム・マネジメント促進フレームワーク」を用いるなど、学校長のリーダーシップで、心理職の役割をカリキュラム・マネジメントの中に明確に位置付け、連携が促進されることが期待される。

〔参考文献〕
・松本くみ子「外部専門員からみた教育支援の現状と課題」、日本発達障害連盟編『発達障害白書　2017年版』明石書店、P.76～77、2016年
・太田英樹「知的障害特別支援学校における外部専門家を活用したケース検討会の研修効果」、『発達障害研究』38(3)、P.325～340、2016年
・霜田浩信他「外部専門家による特別支援学校との連携の効果」、『文教大学教育学部紀要』42、P.103～113、2008年

〈塩田　このみ〉

カリキュラム・マネジメントの視点

学校の教育活動に必要な心理職という人的資源を、教職員が個人として活用するにとどまらず、学校組織全体としての専門性の向上につなげていく視点をもって取組が展開された。また、教師と外部専門家との役割の違いを明確にしながらも、相互の専門性を理解し合い、学校組織としてどのような方針のもとに学校経営を行っているのか、十分な理解の上に協働体制を築いていた。計画性をもって実態把握や評価等を進めることが重要である。

4 教育施策とカリキュラム・マネジメント

自閉症教育の推進とカリキュラム・マネジメント

1 取組に至る経緯

　平成12年に開校した山口県立山口養護学校（現　山口総合支援学校）は、「地域に根差し、地域に開かれた養護学校」、「各種障害種の専門性を有した教育課程のある総合的な養護学校」というコンセプトを掲げ、地域の養護学校として、複数障害への専門的な対応を想定していた。よって教師の研修は各障害種（知的障害、肢体不自由障害、重度・重複障害、自閉症）グループによる縦割りの体制が採られ、小学部から高等部までの教師が共に、各障害種の特性に応じた指導・支援の在り方に関する研修を中心として行った。

　特に小学部では、実際に自閉症のある子供たちの学習グループ編成がなされ、指導・支援の専門性の向上を図る実践が組織的に行われるようになった。結果、自閉症の診断のある子供たちの在籍数は年度ごとに増え、開校から10年を経過した平成23年度には、小学部で66.7%、中学部で51.1%と、在籍児童生徒数の半数以上を占める状況となった。また、この頃、自閉症のある児童生徒への指導・支援の専門性に関するニーズの高まりもあり、県内各地から、教師や保護者、福祉事業所等からの学校見学や相談の件数が増加した。校内でも、学部を超えて指導・支援の計画的な引継を望む保護者の声が大きくなっていた。

　これらの状況を踏まえ、自閉症のある子供たちへの教育の一指針として県内各学校に提案できるよう、平成23年度から24年度にかけて、「小・中・高の12年間を一貫して育む自閉症のある児童生徒の教育課程」の編成等についての実践研究に取り組むことにした。

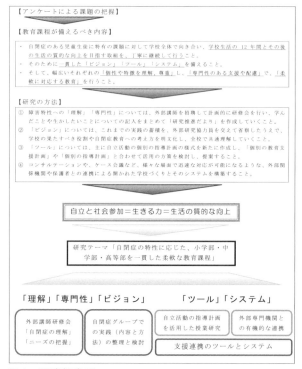

図1　研究概念図

2 カリキュラム・マネジメントに向けて

(1) 目的
① 平成12年度から,各学部において取り組んできた,自閉症の特性を考慮した指導・支援の実践と教育課程を整理,再検討し,「小・中・高の12年間を一貫して育む自閉症のある児童生徒の教育課程」を,グランドデザインから,指導・支援の詳細までの提案を行う。
② 実践研究の報告会の開催と,県の「自閉症教育推進モデル校」として,県内教師研修の役割を担う。

(2) 内容及び方法
研究推進委員会では,課題の把握から課題解決の方法,そして提案する内容までを「研究概念図」(図1)としてまとめ,取組の共通理解を図った。

3 取組の展開

(1) 自閉症のある児童生徒への教育の現状と課題の把握(アンケート結果から)
まず,自閉症のある幼児児童生徒が学校教育において,どのような困難さを表出しているかを調べ,学校教育が備えるべき教育課程の要件を抽出するため,アンケート調査を行った。このアンケートの結果から,改善を行っていくポイントを項目としてまとめた。

表1 自閉症のある幼児児童生徒の困難さのまとめ

1	障害特性に起因する困難と,障害特性と環境との相関から起こる行動上の諸問題
	・コミュニケーション,情緒の安定,見通しのもちにくさ,興味や関心の偏りや執着,気持ちの切り替え,突発的な行動,対人関係,集団参加など,行動上の諸課題
	・周囲との関係による誤学習が多く,特異な行動や思考を形成してしまうこと
2	応用・般化の問題
	・学べていないこと,学びを自分の生活に生かしていくことの難しさ
3	教師の協働の難しさからくる問題
	・人が変われば指導が変わることによる不安定,積み上げの難しさ
	・安定すると指導が固定化してしまい,ステップアップができていないこと
	・教師が自分の取組に対して不安を抱えていること
4	家庭生活上の様々な問題
	・家庭が抱える困難事例の多さ

これらの結果から,教育課程改善の要点をまとめた。

表2 教育課程改善の要点
① 自立活動の指導内容や指導の形態を適切に位置づけること。
② できるだけ早期から,子供の特性を把握・理解し,適切な環境と適切な関わり(環境側の調整・改善)の中で,継続的に学んでいくことを保障すること。
③ できるだけ自分の生活の質的な向上に直結するような内容を具体的に,そして段階的に学ぶ

こと。本人たちにとって，必然性やモチベーションのある学習内容を取り上げていくこと。

④　定着と応用・般化が互いに促進されるような日課表の設定にすること。

⑤　共通の理解，共通のビジョン，共通のツールとその効果的な使用などを学校全体で検討し，システム化すること。

⑥　学校生活の中で改善のための取組を行い，その成果を家庭へとフィードバックしていくこと。

（2）　自閉症のある児童生徒への教育の充実を目指した教育課程の改善

上記の教育課程改善の要点を踏まえ，学校側の具体的な改善点を，グランドデザイン（図2），教育課程全体構想（図3），自立活動指導計画シート，各学部の教育課程（「支援の方針」「教育課程編成の共通理解事項」「教室環境設定基本」「授業構造図〔図4〕」「類型別時数表」「学習内容表〔図5〕」「校時表〔図6〕」）にまとめた。

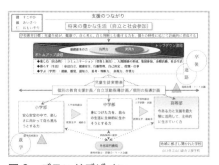

図2　グランドデザイン

	改善の要件	小学部	中学部	高等部
指導内容	指導内容	学習指導要領の内容		
	自閉症特性からの困難さ（生活と学び）への対応	自立活動の指導（個の実態に柔軟に応じる）が重要 ＊特に「コミュニケーション」と「社会性」		
	自立と社会参加への道筋（トップダウン課題）	＊キャリア教育の視点が必要（生きる力を学ぶ） A：人間関係形成能力　B：情報活用能力 C：将来設計能力　D：意思決定能力		
	発達の視点（ボトムアップ課題）	基礎・基本の力　→応用力→　実用力 （定着）　（広げる）（活用する）		
指導方法	学習集団の設定	＊自閉症への理解配慮は必須 安心・安定の集団→適応力の高まり→統合集団へ		
	支援の考え方	・人の支援→理解、信頼、手本、見守る、任せる ・物の支援→道具の工夫～本人が活用できる ・場の支援→分かる場～本人が使う場～生活の場		
	支援方法の専門性	＊エビデンスのある専門性を教育的に取り込む （例：TEACCH、PECS、ABA、コミュメモ等）		
	般化困難への対応	定着の時間→応用の時間→般化へ （生活上の困難課題→自立活動の指導）		
	モチベーション困難への対応	楽しみを獲得する→達成を喜べる→人の役に立つ （モチベーションの高位化）		
支援環境	支援の継続システム	引継ぎ会の設定と充実		
	支援の継続ツール	個別の教育支援計画、個別の指導計画の共通様式 実態表→諸計画→授業→実態の変容 （学校生活、授業を通して「生きる力」学ぶために）		
	関係機関との連携	定期的なコンサルテーション、ケース会議等、外部との連携を密に行える「開かれた学校」へ		

図3　教育課程全体構想

図4　授業構造図（小学部）

		主な学習場面と内容及び
日常生活の指導		・朝の活動（登校、移動、荷物の整理、健康観察） ・朝の会（予定、献立、出欠、お楽しみコーナー、チャレンジコーナー等） ・給食（準備、食事、後片付け） ・掃除、歯磨き ・昼休み（余暇、コミュニケーション、時間と時刻） ・帰りの会（明日の予定、デイサービス等帰りの手段の確認）
生活単元学習	生活課題単元	・買い物（自動販売機、スーパー、コンビニエンスストア等） ・食事（店舗利用：ファストフード、ファミレス、バイキング） ・公共交通機関（電車、バス、車） ・レジャー施設（公園、足湯、プール、ボウリング、スケート、登山）
	調理単元	・簡単な食事やデザートづくり ・グループ集会（誕生会など）
	季節単元	・芋、野菜、花 ・飼育（昆虫、魚、等） ・季節の変化と生活
	行事単元	・運動会・なつめ祭 ・修学旅行／宿泊学習／学部遠足
特別活動	行事参加	・儀式的行事・保健行事・避難訓練 ・児童生徒会活動（全校集会・学部集会）
	交流及び共同学習	・学校間交流（大歳小）各学年ごとに ・地域交流（７月「昔遊び」、１２月「しめ縄作り」） ・居住地校交流
	委員会 クラブ活動	・委員会活動（給食、配り物、健康観察、掲示、遊具　等） ・クラブ活動（スポーツ、コンピュータ、映像・音楽、調理、手仕事）
★小集団の課題学習（自立活動の時間の指導）	朝のランニング	・自立活動区分（1、2、4、5）
	うんどうあそび	・自立活動区分（1、2、3、5、6） ＊温水プール（～12月）
	ゲームあそび	・自立活動区分（2、3、4、5、6）
★個別の課題学習（国語、算数、自立活動）	個別課題	・個々の認知の状況によるところがあるが，総じて内容としては、生活と密接に関連したところから【認知発達課題、文字、表現、コミュニケーション課題、数概念、数計算、金銭、時間、時刻、手指の巧緻性課題、等】が取り扱われている
	自立課題	
	コミュニケーション	

図5　学習内容表（小学部，部分）

図6　校時表

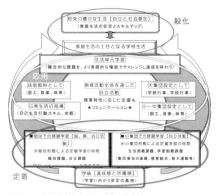

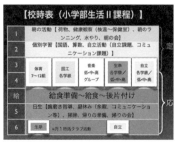

4 成果と課題

① 特別支援学校における自閉症の特性に応じた教育課程の編成や，自閉症の児童生徒一人一人に対応した指導内容・方法等の工夫など，教育課程の在り方を提案した。

② 「自立活動指導計画シート」を活用した授業実践の有効性を確認することができた。

写真1　一人でできる「生活」を支援

③ 教育課程を専門的に支援するため，地域資源である関係機関との連携ネットワークを学校組織の中に位置付けることの有効性を確認することができた。

④ 山口総合支援学校を会場とした新採研，特別支援教育専門研修会等，県主催の研修会を開催し，自閉症のある子供たちへの教育実践を多くの教師に知っていただく機会とすることができた。

写真2　授業参加のための環境設定

⑤ 県内外から，教師や保護者，各事業所等，様々な人の見学を受け入れることができ，地域へ自閉症のある子供たちへの教育実践を発信することができた。

⑥ 子供たちのコミュニケーション（受容，発信）と楽しみのある学校生活や，主体的な思考・判断のある学習参加が保障されることで，家庭生活の質的向上にもつながった。

（2）課題

年度が替わり，人が変わっても，維持，発展していく教育課程であるためには，組織的にバージョンアップを図っていく必要がある。そうすることによって，教育課程が真の意味で「子供たちの育ちを支える」ことができるようになると考えている。

〔参考文献〕

・山口県立山口総合支援学校「自閉症の特性に応じた，小学部・中学部・高等部を一貫した柔軟な教育課程の編成の在り方について」平成23～24年度特別支援教育文部科学省委託事業　特別支援教育に関する教育課程の編成等についての実践研究，2013年

〈宮本　剛〉

📎 カリキュラム・マネジメントの視点

①何ができるようになるか，②何を学ぶか，③どのように学ぶか，④子供一人一人の発達をどのように支援するか，等について，小・中・高等部12年間の系統性・連続性を視野に入れたカリキュラム・マネジメントが展開されている。ビジョンを明確にしたグランドデザインのもと，自立活動指導計画シート，教育課程編成の共通理解事項，教室環境設定基本，学習内容表等の関係づくり，コンテンツづくり，ルールづくりが組織的に行われている。

4 教育施策とカリキュラム・マネジメント

各教科等を合わせた指導を
効果的に取り入れた週時程編成①

1 取組に至る経緯

　校内研修の研究主題を「社会自立を目指す生徒を育てる授業づくり～身に付けさせたい力の整理と指導の関連付けをとおして～」とし，「教育課程の整理と充実」を大きなテーマに，職員全体で教育課程について検討した。

　教育課程という大きな枠組みや，それを構成する様々な要素（個別の教育支援計画や進路指導計画など）は整ってきた。生徒に身に付けさせたい力を明確にし，教育活動を検証することで，授業の充実を目指すことができると考えた。全校的な協議を進めることで，教師の共通理解と協働体制（チーム力）が向上し，授業をはじめ様々な場面で，指導に関連性や系統性，統一性がもたらされ，教育活動全体の充実にもつながると考えた。

　生徒に身に付けさせたい力を具体化し，それらを各授業に関連付け，各授業における題材選定，単元設定，配列，指導時期，指導内容など，年間指導計画を見直していくこととした。そうすることで，各授業の果たす役割や，それぞれの授業との指導内容の関連性が明確になり，授業の質の向上を図ることができると考えた。

　各授業での単元・題材配列を調整すること，生徒の学びの状況に応じた週時程を編成することができると仮説を立て，単元・題材配列一覧表（写真1）を活用することとした。単元・題材配列一覧表は，縦軸を授業，横軸を時期（月）にした表で，単元や題材を何度でも取り外して貼り直しができる付箋紙に記入し，協議を深められるよう配慮した。

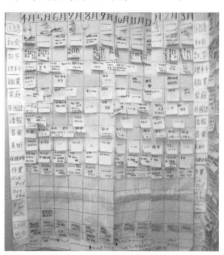

写真1　単元・題材配列一覧表

2 カリキュラム・マネジメントに向けて

　単元・題材配列一覧表を用いて，題材そのもの，各題材の指導時期，指導内容等をどのように設定すれば，生徒に身に付けさせたい力をより効果的に身に付けさせることができるのか，日々の授業実践を通しての検証・考察を授業者が進めた。

　全体協議が必要な事項は，全体協議の時間を設け，関連する事案について一つずつ解決

を目指した。

3 取組の展開

（1） 話合いの場や環境の整備

　教科別の指導は，どの学年も一斉指導で，1名の教科担当が全学年の指導を行うことを当初は基本としていた。より個に応じた指導・支援ができるよう，各学年所属から1名以上の教師がサブティーチャー（以下，「ST」）としてその授業に入るという，いわゆるチームティーチング（以下，「TT」）を行うようになった。

　教科別の指導では，メインティーチャー（以下，「MT」）1人が，全学年の計画，授業，反省を担っており，TTの形態を採ってはいるものの，それぞれが担当をもっているため，MTが作成した計画・反省にSTや他の教師の意見が反映されることが難しかった。そこで，どの授業も複数名で計画，実践，反省を行い，授業を担当する者同士がしっかりと検討を重ね，協働してよりよい授業をつくるという土壌を醸成する。そしてそれを足掛かりとして，時間を取って単元・題材を入念に見直していくことから始めることにした。

　これを推進するためには，担当者間が話し合う場を複数設けていくこと，単元・題材の中身や配列を「見える化」し，いつでも話し合える環境を整えていくこと，の2点が必要であると考えた。従来の年間指導計画の反省に加え，授業者打ち合わせという場を設け，担当者の垣根を超えて，全ての教師がどの授業についても意見やアイディアを出し合えるように，年度始めや年間指導計画反省時にそうした場を設けるようにした。さらに，このような会議的な場以外でも，いつでも気軽に話し合いがもてるよう，写真1のような単元・題材配列一覧表を作成し，職員室に掲示しておくことにした。これは，学習内容（題材）を付箋に記入し貼り付けているため，移動や加除修正が可能であるという利点がある。

　このような単元・題材配列一覧表を作成することで，他の授業でどのような内容がいつ指導されているのかが視覚的に分かり，指導の形態間の関連付けがしやすくなった。

（2） 実際の話合いから見えた成果と課題

　写真1のとおり，単元・題材配列一覧表は，学年ごとに作成している。横軸を時期（月），縦軸を教科別の指導や指導の形態とすることで，いつ，どこで，どのような授業が行われているのかをすぐに知ることができる。これにより，指導の形態や学年の枠にとらわれず，横断的・包括的に単元・題材の配列の在り方を考えていくことが期待できた。

　このようなビジョンをもって，授業者打ち合わせや年間指導計画反省の協議に取り組んだ。授業担当者間で行う話合いにおいては，短時間であったため不十分な点もあったが，出された意見の一例を次に示す。

　地域交流として，書家の先生を講師に招き120cm四方の半紙に1文字を書く「書道交流」を毎年行っているが，その時期に合わせて「書写」（国語科），現場実習や前提実習の時期に合わせて「いろいろな仕事」（社会科），「天気予報の活用」「災害時の行動」（理科），「勤務時間と保険」「年金との関係」「保険料，申請方法」（社会科），前提実習で実際に働いた

時間から給与を算出する（数学科），学校祭の時期に合わせて（模擬店実施に向けて）「金銭」（数学科），宿泊的行事の時期に合わせて「時刻表の見方」「小遣い帳の付け方」「経路図」「航空機の時刻表」（数学科），「宇宙と地球」（理科）を実施するといったように，授業の中で計画的に配列を工夫する教科別の指導があった。

また，生徒が各教科の学習内容を関連付けて考えることができるよう，指導の形態間で可能な範囲で実施時期の調整を図った。数学，社会，家庭では，「金銭」に関わる学習を実施する時期を合わせた。家庭でのランチョンマット製作前に数学で「長さ」の学習，家庭科で「一ヶ月の生活費」を実施する時期に，社会で「金融機関の利用」や「年金」の学習を合わせて実施した。作業での生産量を数学でグラフ化，トレーニングの周回走の記録を情報でデータ入力してグラフ化，国語での「メモの取り方」や「話し合い」は他の全ての学習など，様々な教科と関連付けた指導がなされた。同じような内容でも，それぞれの教科の特色から説明される観点が異なり，より深い理解につなげることができた。

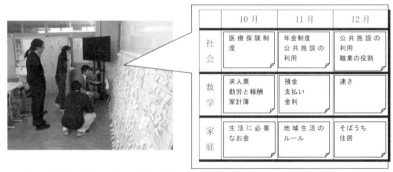

写真2　協議の様子（単元・題材配列一覧表を協議しながら作成）

また，決められた会議の中だけではなく，単元・題材配列一覧表を見ながら，各授業の形態の担当者がそれぞれの授業での進捗状況や生徒の様子を情報共有し，次の役割分担を確認することで，週時程を生徒の学びに即応して編成できること，年間指導計画が年度の途中に修正できることなど，その他多くのメリットがあった。

全教師での協議においては，自身が担当していない指導についても意見が出された。いずれにしても，全員の協働で，よりよい授業をつくろうという動きが見られた。

このように全ての授業の内容を一覧表にして「見える化」することは，各授業での指導内容そのものが分かりやすい，配列（構成，順序，ストーリー）が分かりやすい，指導観の交流が日常的にできる，といった利点がある。また，職員室に掲示しておくことで，教職員がいつでも見ることができ，いつでも授業の話合いができる環境となった。

単元・題材配列一覧表を使用することで，柔軟で即応性の高い週時程を編成でき，全教師の協働による教育課程の改善・編成といったカリキュラム・マネジメントができた。これは，週時程編成が教育課程の形成的評価になると言える。

4 成果と課題

　事前に授業者打ち合わせを行ったことで，単元・題材の再編をある程度施した年間指導計画を立てることができた。そして，年間を通して担当者間，また担当者の枠を超えた協議を複数回行ったことで，授業と授業の関連，授業と行事との関連，実施学年の見直しといった計画の補正がなされ，次年度に向けてよりよい授業づくりを進めることができた。

　この取組は，生徒の実態や社会情勢の動向の変化が常にあると考えると，単年度で完成させられるものと考えるべきではない。毎年こうした協議を積み重ねることで，そのときの生徒や時代に即した単元・題材を編成していくことが必要である。

　単元・題材配列一覧表を活用することで得られた成果は，教育課程の改善はもちろんのこと，各授業でのねらいを交流することで担当教科のもつ新たな役割への気付きや複数の教科担当者でそれを共通理解できたことである。そうすることで，複数の教科共通の新たな指導観やそれぞれの授業での役割分担といった，授業を超えたTTが実施できる。

　このように，各教科を中心にそれぞれのばらばらのツールを使いながら，順序や配列を変えて関連付けながら教科別の指導のネットワークをつくることで，結果として，各教科等を合わせた指導を展開していることと同じ効果が見込まれる。

　現在，指導者だけのツールとなっているが，検証を積み重ね整理していくことで，生徒や保護者，地域にも提示できるシラバスの役割を果たしていけることも期待できる。

　今後，題材配列表の横軸に新たに行事を追記することで，行事との関連も「見える化」することができる。また，現在は年度始めや長期休業中の調整での活用にとどまっているが，年間を通して日常的に授業について交流していく必要がある。その交流を通して，年度途中でも単元や題材によって効果的に配置し直したり，日々の進捗状況に合わせて翌週の時間割を臨機に変更したりするなど，必要に応じて週時程に反映していくことができるようになり，よりよい授業を展開できる。その際，関連があるからといって題材配列を変更するのではなく，授業内での指導の連続性が途切れないように，授業全体の流れを見て，妥当な時期かどうか注意しながら実施することが大切である。併せて，会議や打ち合わせを増やさないで日常的に方法論を協議しながら授業づくりの改善が図られる。さらには一層の協働が意識化される。これは，本校のカリキュラム・マネジメントを示している。

〈西東　幹子〉

カリキュラム・マネジメントの視点

　単元・題材配列一覧表というコンテンツを作成することで，同一学年間において，いつ・どこで・どのような授業を行っているのかを俯瞰できるようにし，学習内容を相互に関連付ける工夫が行われた。また，コンテンツの有効活用により，年間指導計画を年度の途中で適宜修正するなどの臨機応変なカリキュラム・マネジメントが展開された。職員室に掲示することで教育課程を共有して教師の意識を高め，学校文化を育む効果も見られた。

4 教育施策とカリキュラム・マネジメント

各教科等を合わせた指導を
効果的に取り入れた週時程編成②

1 取組に至る経緯

　広島県立呉特別支援学校では，組織的な授業研究の取組を進めることを学校経営の中軸に位置付けている。頭打ち感のある「授業改善」を進めるためには，授業づくりと教育課程に係る研究を全校を挙げて組織的に進めていくことが必要であると考えた。それぞれの研究を進めるために「教育課程検討会議」を校長の諮問機関として立ち上げた。

2 カリキュラム・マネジメントに向けて

　教育課程とは，学校全体で組織的，継続的に児童生徒に対する教育を行っていくために必要な教育計画であり，各学校が教育活動を進めていく上での基本となるものである。

　本校では，学校経営計画における「育てたい子供像」の実現のために，学習指導略案と単元計画を活用することで，全教職員が組織的・体系的に学習評価に取り組めるシステムを採っている。日々の学習指導略案の評価の積み重ねが単元計画の評価につながり，単元計画の評価が教育課程の評価につながり，教育課程を評価すること

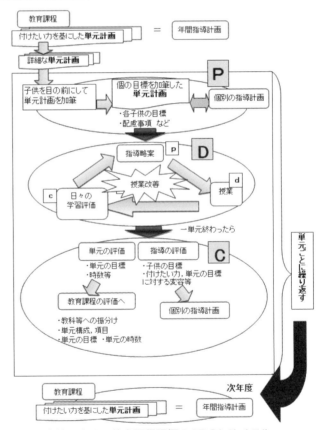

図1　本校における教育課程評価のPDCAサイクル

が，毎時間の授業の評価につながっている。それぞれの過程において，1時間の授業，一つの単元においてもPDCAサイクルを機能させている（図1）。

授業づくりの取組については，研究テーマを決めて，学校全体で組織的に授業づくりの研究に取り組んでいる。その研究は学校経営計画の行動計画と関連付けている。学校経営目標のうち，「児童生徒の学力向上を支える授業づくり」については，評価指標を「学習指導略案の学習評価に係る評価」で挙げていくことにしている（図2）。

4　目標の設定

達成目標	評価指標	実績値 平成28年度	目標値 平成29年度	目標値 平成30年度	目標値 平成31年度	担当部等
1　児童生徒の学力の向上【知】						
児童生徒の学力の向上を支える授業づくり	指導略案の「学習評価」に係る評価	—	70%	75%	80%	教育研究部

図2　学校経営計画（行動計画部分抜粋）

3 取組の展開

　教育課程を研究していく中で，次のように整理し（表1），時間割を組んでいる。高等部の単一障害学級（Ⅰ類型，Ⅱ類型）の時間割は次のとおりである（図3）。

表1　教育課程

学級＼学部	小学部	中学部	高学部
単一障害学級			Ⅰ類型
			Ⅱ類型
重複障害学級	Ⅰ類型	Ⅰ類型	Ⅰ類型
	Ⅱ類型	Ⅱ類型	Ⅱ類型

　特に作業学習については，従前の作業内容ではなく，魅力的なものにしていきたいと思い，「作業学習検討会議」において協議していった。

　「作業学習A」は，高等部の生徒全員を学年を超えた縦割り集団に組織し，「製品作り」「委託作業」「陶芸」「農園芸」の4分野に分かれて学習している。そのうち「委託作業」では書道の小筆作りに取り組んでいる。就学地域内に筆の全国一シェアを誇る「熊野筆」の産地で製造が盛んな安芸郡熊野町がある。地域の産業を取り入れた作業学習の内容を模索する中で，熊野町の筆作りの企業に申し入れをしていった。平成27年度から，熊野町の企業の「一休園」の協力を得て，筆作りを作業学習に取り入れることができた。筆作りの職人の方を外部講師として招聘し，厳しく丁寧な指導を受けている（写真1）。

　「作業学習B」は，平成23年度から実施されている「広島県特別支援学校技能検定」の

内容に特化した授業を行っている。「清掃」「接客」「流通・物流」「食品加工」「ワープロ」の５部門があり，各分野の専門家を外部講師として招聘し，指導を受けている。また，平成27年度から呉市の企業の「昴珈琲店」の協力を得て，毎月１回，校内で「パティオカフェ」を開いている（写真２）。「パティオ」とは，スペイン語で「中庭」の意味があり，校内の中庭に設置したウッドデッキを中心に地域の方々に向け，コーヒーのサービスなどのおもてなしを行っている。平成28年度は昴珈琲店の指導を受け，「呉特別支援学校ブレンドコーヒー」を開発することができた。このブレンドコーヒーは「Peace Art」[1)] の「フレッシュパック」という商品となり，販売されている（写真３）。

高等部　第1学年　時間割（単一障害学級Ⅰ類型）

	月曜日	火曜日	水曜日	木曜日	金曜日
〜9:00	登校				
9:00〜9:50	日常生活の指導（着替え，運動，朝の会，読書活動）				
9:50〜10:00	休憩				
10:00〜10:50	作業学習A	生活単元学習	美術	作業学習A	音楽
10:50〜11:00	休憩				
11:00〜11:50	作業学習A	生活単元学習	生活単元学習	作業学習A	保健体育
11:50〜12:40	日常生活の指導（清掃，給食準備，給食）				
12:40〜13:30	特別活動	国語	数学	外国語	総合的な学習の時間
13:30〜13:35	休憩				
13:35〜14:25	作業学習B				
14:25〜15:00	日常生活の指導（着替え，振り返り，帰りの会）				

（週33.5時間）

高等部　第1学年　時間割（単一障害学級Ⅱ類型）

	月曜日	火曜日	水曜日	木曜日	金曜日
〜9:00	登校				
9:00〜9:50	日常生活の指導（着替え，運動，朝の会，読書活動）				
9:50〜10:00	休憩				
10:00〜10:50	作業学習A	生活単元学習	生活単元学習	作業学習A	保健体育
10:50〜11:00	休憩				
11:00〜11:50	作業学習A	生活単元学習	生活単元学習	作業学習A	音楽
11:50〜12:40	日常生活の指導（清掃，給食準備，給食）				
12:40〜13:30	生活単元学習				
13:30〜13:35	休憩				
13:35〜14:25	特別活動	作業学習B	美術	作業学習B	総合的な学習の時間
14:25〜15:00	日常生活の指導（着替え，振り返り，帰りの会）				

（週33.5時間）

図３　高等部教育課程

写真１　外部講師を招聘した熊野筆作り

写真２　パティオカフェ

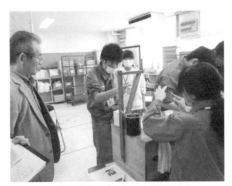

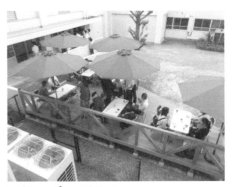

4 成果と課題

　本校では，授業づくりの取組を学校経営計画に位置付けるとともに，教育課程検討会議の設置，教育課程評価，教育課程編成の方法の確立，単元構成表や単元系統表の作成，学習指導略案の様式の工夫等を行ってきた。教職員全員でカリキュラムをマネジメントするシステムを確立したことにより，本校に着任した日から，学校経営計画における「育てたい子供像」の実現を目指した取組が始められる基礎ができてきた。

写真3　フレッシュパック7個セット

　また，広島県では平成26年度より「広島版『学びの変革』アクションプラン」を策定し，これからの社会で活躍するために必要な資質・能力の育成を目指した主体的な学びを促す教育活動を推進するよう，各学校における取組を進めている。本校においても「目標の設定」「方法」「内容」の精選や妥当性等を検証しながら，アクションプランの趣旨を理解した上で教職員間での十分な議論を行うなどし，児童生徒の主体的な学びを促す教育活動の実践を積み重ねていきたい。

　さらに地域とのつながりを意識した教育内容の開発を進めることにより，地域住民から認められ，信頼される学校となっていきたい。

1)「ピースアート」とは，「『アート』を通して『平和』への感謝の気持ちと喜びを伝えたい！　障害のある人たちの芸術活動を支援し，社会参加の促進と経済的自立をサポートするために生まれた『アート商品ブランド』」である。

〈東内　桂子〉

📎 カリキュラム・マネジメントの視点

学校の課題や地域の実情を踏まえながら，地域の資源を効果的に活用し，特色ある学校づくりを展開している。とりわけ地域と連携した作業学習の推進は，教育課程を介した「よりよい社会づくり」への貢献も高く，同時に生徒の学ぶ意欲や探究心に拍車をかける学習環境づくりが行われている。学校組織として教育課程を改善するためのビジョンや具体的な方法論を共有し，学習評価の効果的な活用を主軸としたPCDAサイクルを構築している。

4　教育施策とカリキュラム・マネジメント

企業との連携,地域との協働,他校とのリソース相互活用による学びの環境の開発
～産業現場実習と地域協働・共生型活動を通したキャリア発達支援～

1　取組に至る経緯

　京都市立白河総合支援学校は，平成16年に高等部職業学科の総合養護学校（平成19年から総合支援学校）として再編された。平成17年に，現在の「デュアルシステム推進ネットワーク会議」の前身に当たる「デュアルシステム研究会」を企業と共に立ち上げ，企業との連携による就労支援を進め，職業学科の卒業第1期生全員の企業就労を達成し，その後数年間は企業就労100％を達成してきた。しかしながら，その後の定員の増加に伴い生徒も多様化し，企業との連携によるデュアルシステムにうまくのってこられなかったり，不調をきたしたりする生徒も出てくるようになってきた。

　そこで，生徒の就労に向けて産業現場実習の充実を図ることを大切にすることと併せて，就労に向けた基盤となる自己肯定感を育み働く力を高めるための新たな方策を探るため，学校だけで完結しない教育を目指し，平成21年に専門教科「地域コミュニケーション」[1]を新設し，地域との協働活動の開発[2]を開始した。

2　カリキュラム・マネジメントに向けて

　本校は，地域に開かれた学校として，企業との連携によるデュアルシステム，地域との協働による地域協働・共生型活動，この二つを学校経営の中核に据え，生徒が自ら働く力を高めていくことを目標としている。

　デュアルシステム推進ネットワーク会議をはじめとし，様々な企業団体，個々の企業との連携（就労支援の在り方や就労に向けた取組の協議他）や地域との協働（地域と相談しながら創る様々な地域協働・共生型活動）が「地域（社会）に開かれた教育課程」の構築に，また，産業現場実習と専門教科・共通教科を関連付けた教育内容の工夫・設定，地域協働・共生型活動，他校のリソース（教育資源・専門性）の相互活用等の教育環境の開発が「カリキュラム・マネジメント」につながっているのではないかと考えている。

3　取組の展開

　週時程については，生徒が自ら働く力を高めていくことを目指して組んでいる。専門教科は，1年生は週に3日，2・3年生は週に4日設定している。また，専門教科は必ず2学年ずつ入るようにし，先輩から後輩へ学んだことを伝える等，生徒同士が学び合える場の設定をしている。共通教科「国語・数学・社会・理科・外国語・情報」「職業／家庭」は，

専門教科，産業現場実習，働く生活に向けた取組と関連した内容を中心に実施している。実施した学習内容を記録するとともに，シラバスの見直しを継続的に行っている。

実習指導には担任が入るため，担任の受け持ち教科は「国語」「職業／家庭」「道徳」とし，担任が朝からの実習指導や午後からの実習指導に入りやすいよう「国語」は4限に設定しているが，実習指導の日程により他校時に振り替えるなどの工夫もし，実習指導の充実を図っている。また，担任は，適宜専門教科に入り，生徒の状態の把握に努め，実習先の企業と連携し実習指導の充実につなげている。実習には就労支援コーディネーターの教師が入ることもある（実習は1回2〜4週間，3年間で30週間を目途として実施）。

表1　標準時間割

校時	曜日／学年	月 1	月 2	月 3	火 1	火 2	火 3	水 1	水 2	水 3	木 1	木 2	木 3	金 1	金 2	金 3
時間	8:45-8:55	SHR			SHR			SHR			SHR			SHR		
1	8:55-9:45	専門教科・基礎基本「清掃演習」	専門教科		食情報／農情報／情外国語	数学／理科	専門教科	食数学／農情報／情外国語	食社会／農情報／情数学		専門教科	食情報／農外国語／情数学	専門教科
休憩	5分															
2	9:50-10:40				理科／情報／数学			情報／外国語／数学	情報／数学／社会			数学／情報／外国語		
休憩	10分															
3	10:50-11:40				数学／理科／情報			外国語／数学／数学	数学／社会／情報			外国語／数学／情報		
休憩	5分															
4	11:45-12:35				国語／国語／国語			国語／国語／国語	国語／国語／国語			国語／国語／国語		
昼休憩	45分	昼食			昼食			昼食			昼食			昼食		
5	13:20-14:10	職業／家庭	音楽／美術	保健体育	保健体育	職業／家庭	流通サービス／課題研究	流通サービス／課題研究	職業／家庭		道徳			流通サービス／課題研究	保健体育	音楽／美術
休憩	5分										清掃・SHR 14:10-14:30					
6	14:15-15:05					音楽／美術			音楽／美術		部活動					
休憩	5分				清掃・SHR 15:05-15:30			清掃・SHR 15:05-15:30						清掃・SHR 15:05-15:30		
7	15:10-16:10	特別活動（清掃・SHRを含む）			部活動			部活動						部活動		
		部活動														

特徴
○共通教科「国・数・社・理・外・情」は，各学級ごとに実施する。（専門教科・産業現場実習，働く生活に向けた取組と関連した内容）
○「国語」は担任が担当し，産業現場実習，働く生活に向けた取組と関連した内容を，クラスや学年の課題に合わせて実施する。
○「国語」は担任が実習指導に入りやすいよう4限に設定するが，実習指導の日程により1校時に振り替えるなどの工夫をする。
○「職業／家庭」は担任が担当し，産業現場実習，働く生活に向けた取組と関連した内容を，クラスや学年の課題に合わせて実施する。
○「流通サービス」は，地域での野菜の引き売りの関係で，火水金に設定する
○「性と生の学習」「LHR」「ブロック集会」は月曜6校時に実施する
○「保健体育・音楽・美術」は，所有する免許状の専門性を活かせる担当とする
○選択「音楽・美術」の内容には「伝統・文化」の要素を含む。

企業との連携によるデュアルシステムの概念を図1に示した。学校や地域で身に付けた力を産業現場実習で発揮し，実習での成果や課題を学校での取組に生かしていくPDCAサイクルが本校の教育課程の基本的な構造となっている。

このPDCAサイクルを回すツールが，生徒がつくる「キャリアデザイン」[3]である。企業等から得られた評価・課題を専門教科・共通教科に関連付け，次に，何にどのように取り組んでいくかを策定するツールである。担任とのキャリアカウンセリングを通して，自ら振り返り気付いたことを基に，生徒が専門教科・共通教科の担当教師のところに行き，

図1　デュアルシステム概念図

次の目標について担当教師と相談し作成している。

次に，地域協働・共生型活動及びリソース活用について述べる。

地域協働・共生型活動は，生徒の就労に向けた基盤となる自己肯定感を育み働く力を高めるための学習として位置付け，基本的には専門教科・流通サービスの中で取り組んでいる。本校の生徒にも地域の方にもメリットのある共生型の活動である。

配食サービス（月2回），体操教室（週4回），交流農園（週1回），地域の児童館での様々なイベント運営補助（月1回程度），社会福祉協議会いどばたサロン（年5回）等があり，専門教科の生徒が入り地域の方と一緒に活動している。例えば配食サービスでは，農園芸の生徒が収穫した野菜を納品し，情報印刷の生徒がその日の弁当の写真入りの献立表を作成し，食品加工の生徒が地域の配食ボランティアの方と弁当を作り地域の高齢者の方にお届けする等，それぞれの専門教科の生徒がそれぞれの専門性を生かして活動している。

また，校内喫茶「ミルキーウェイ」での喫茶サービス，パン・焼き菓子販売（毎日），地域での野菜の引き売り（週3回），校内での野菜販売（週3回程度），地域の児童館でのパン販売（週2〜3回）等も行っている。本校には，日常的に地域の方が出入りされ，日常的に生徒と地域の方が触れ合う機会がある。

地域の小学校との共生型学習では認知症サポーター講座を社会福祉協議会と共に運営したり，特別支援学級の児童と一緒に野菜作りをしたり，その野菜を使ったパン作りや児童による「ゆめいろレストラン」（小学校の先生に食べてもらう）開設を手伝ったりしている。

リソース活用では，本校の生徒が鳴滝総合支援学校に行き，メンテナンスの技術を教わり学校に帰って他の生徒にその方法等を伝える学習をしたり，福祉・介護の「手浴」の方

法を学んできて，本校の体操教室に取り入れるため校内で手浴体験会を開いたりして，他校のリソースを相互活用して働く力を高める新たな学びの環境の開発にもつながっている。

4 成果と課題

　週時程を工夫したことで，担任が実習指導に入りやすくなり，指導の充実につながってきている。さらに，業務分析の力や，企業の方と支援の在り方等についてやり取りする力を，研修や就労支援コーディネーターとのOJTを通じて高めていくことで，産業現場実習の充実を図りたい。また，産業現場実習と専門教科・共通教科を関連付けた指導内容の整理，シラバスの見直しを継続していくことで，3年間の見通しをもった指導を進めていくことができると考えている。

　「キャリアデザイン」については，形骸化しないように「なぜ，何のために」その学習・活動に取り組むのかを生徒・教師共に常に考えることが肝要である。本校は生徒の「自ら」を合い言葉に教育実践を進めている。自ら考え行動する生徒を育んでいくために大切である。

　地域協働・共生型活動では，地域の高齢者，乳児，幼児，児童等異年齢の人と共に活動し，互いに必要とし合う関係性を築くことを通して，自己有用感，ひいては自己肯定感を育むことができてきたのではないかと考えている。そのことが産業現場実習に向かう力，就労しようとする力の基盤になっていると考える。また，他校のリソース（教育資源）の相互活用をすることで，生徒の新しい学びの環境を開発することにつながってきている。

1) 専門教科「地域コミュニケーション」は平成28年に新設された東山総合支援学校（地域総合科　専門教科：地域コミュニケーション）に移管した。
2) 京都市立総合支援学校職業学科3校及び京都市教育委員会は，「就労に向けた基盤となる自己肯定感を育むための地域協働・共生型活動の開発～キャリア発達を促すための教育環境の開発と新たな就労支援の在り方～」を研究課題として，平成26～28年度に文部科学省の「キャリア教育・就労支援等の充実事業」の研究指定を受けた。
3) 自らの振り返りと気付きを基に，各実習での評価・課題，教科で取り組むべき目標を実習ごとに記入していく表。教師も教師用の「キャリアデザイン」を作成する。

〈松田　実〉

カリキュラム・マネジメントの視点

教育内容と教育活動に必要な人的・物的資源を企業や地域の様々なリソースに広げるとともに，他校の専門性の高い教育課程との協働を視野に入れたカリキュラム・マネジメントを推進している。特に産業現場等における実習は，同校の教育課程の重要な柱に位置付いており，週時程編成においても工夫を凝らし，教師の機動的な指導体制づくりに努めている。キャリアデザインの活用とキャリアカウンセリングが重要なポイントとなっている。

4 教育施策とカリキュラム・マネジメント

自立活動の時間の指導を効果的に取り入れた週時程編成
〜主体的・自発的な活動に導くために〜

1 取組に至る経緯

　東京都立八王子特別支援学校は，教育活動の基本的な姿勢として EBE（Evidence Based Education　根拠のある教育）の実践を目指している。できることとできないことを見極めて適切な課題を設定し，「自分でやらないと，やれるようにならない」の信条のもと，主体的・自発的な活動のある授業づくりに取り組んできた。そのためには「児童生徒に分かる授業」が大前提で，分かりやすさを支えるのが「自立活動」である。本校では知的障害教育における自立活動を「分かる授業の4つのベース」として「実態把握」，「教育環境」，「手立」，「動機付け」の観点から整理している（図1）。また，平成26年度より，東京都の外部専門家連携事業を受け，学校全体で1500時間程度，ST，OT，臨床発達心理士等の外部専門家と協働することにより，実態把握や手立て等に効果を上げている。

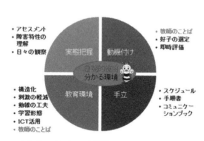

図1　分かる授業の4つのベース

2 カリキュラム・マネジメントに向けて

　校長は，学校経営の指針となる「学校経営計画」に，円滑な教育課程の実施に向けて，教育活動の基本的な姿勢はもとより，専門性を高めて自立活動の基盤のある教育を推進するための具体的な方策を明記し，全教職員に説明をする。学校経営計画にある目標を具現化するために，その取組を企画・推進するプロジェクトチーム（以下，「PT」）を学校課題別に設置し，管理職と PT リーダーが進行管理を行う。自立活動を充実する等の授業力の向上については，組織的な校内の授業研究によって達成すると考えており，研究推進 PT と専門家連携 PT が重要な役割を果たしている。研究推進 PT は年2回の PDCA サイクルでグループ実践研究を動かしている。第Ⅰ期研究を8月までとし，第Ⅱ期には，Ⅰ期目標の達成状況により，検証授業か発展授業か改善授業かを明確にして臨み，第Ⅱ期の成果と課題が次年度の研究テーマにつながっていく。教師は全ての授業において「分かる授業の4つのベース」に基づき，準備しておくべき項目や配慮点を明記したセルフチェック表を用いて自立活動の基盤が整っているかを確認する。研究授業時，授業者は参観者から何を助言してほしいかを記入したオーダーシートを準備する。管理職，学部主任，主幹教諭は授業のコメントを付箋紙に書いてオーダーシートに貼り，授業者にフィードバックす

る。授業者は授業ごとに評価・改善を行い，個々の授業の成果と課題をグループ研究に反映するという仕組みになっている。各学部・学年は学習指導要領に基づき全校で整理した年間指導計画に沿って授業を実施する。教育課程の進捗状況は学年主任が中心になって進行管理している。専門家連携PTは外部専門家との調整を行うとともに，自立活動の内容について各学年主任に児童生徒のニーズに合う専門家をマッチングさせている。全校の取組として毎年3学期には，担任が児童生徒にアセスメント（言語機能・J☆sKep）を実施し，専門家の意見も踏まえた再評価をして次年度の計画につないでいる。

3 取組の展開

知的障害や発達障害に起因する分からなさを軽減し主体的な活動に導くために，下記の内容に取り組む。

① コミュニケーション：言語機能の向上，コミュニケーションブック＋絵カードの活用，発声，発語への取組等。
② スケジュール：スケジュールブック（成長に応じて手帳に移行する），手順書の活用等。
③ 情報をどのように取って学習等の態勢をつくればよいかを身に付ける（例：上から下や左から右の流れでの認知，人に正対して聴く等）。
④ 体への取組：感覚機能の改善（前庭感覚・固有感覚）。

写真1　スケジュールブック

図2　週時程の例（小学部4年生）

音声言語でやり取りできない児童生徒へのコミュニケーションブックや知的障害や発達障害を伴う児童生徒へのスケジュールブックや手帳は，他障害における杖のように，使いこなせるように指導するべき手立てであり，生涯にわたって必要なものである。また，③④は，知的障害や発達障害を伴う場合は，個々に合わせて細かく指導することで学習態勢を大きく伸長させることができる。これらは，個別に対応することが原則で，自立活動の時間に指導方法を工夫し，場面をつくって個々に指導する。小・中学部においては短時間でも毎日取り組めるように，週時程では自立活動を帯状に設定している。自立活動の時間に学習した

写真2　給食（おかわり場面）

ことを全ての学校生活，教科等で何度でも使って般化を目指している。毎日，自立活動を実施することで小学部低学年のうちにコミュニケーションブックやスケジュールブックは使いこなせるようになる。児童生徒の成長とともに音声言語でのやり取りが可能になると，コミュニケーションブックは必要がなくなるが，高等部でも必要な生徒には，タブレット端末を活用した代替手段に変えていく。

■**授業例（スケジュールに沿って，児童が自ら活動に取り組むための指導）**

　ア　**対象**　小学部1年○組（児童4名，教師1名）
　イ　**アセスメント**
① 観察：指示理解や模倣する力はある。手続き的記憶に沿った活動に取り組みやすい。指示に応じることはできるが，表出系のコミュニケーションについては課題がある。
② 検査：太田ステージⅢ-2が2名，Ⅲ-1が2名，J☆sKep 1.7～2.4の集団。

言語機能アセスメント																									(早稲田大学　坂爪一幸教授　作成)
項目	①構音の明瞭さ			②流暢性			③自発語の長さ					④自発語の内容				⑤発話の運用			⑥復唱の長さ					⑦聴覚的把持力			⑧理解水準			
	不能	一部不明瞭	明瞭	なし	一部非流暢	流暢	発声なし	単音	2語文	3語文	4語文以上	発声なし	喃語	一部意味不明	意味不明	有意味	乏しい	不適切	適切	不能	単音	単語	2語文	3語文	4語文以上	不能	1ユニット	2ユニット	3ユニット	4ユニット	5ユニット	不能	単語	動作語	性質語	関係語
人数		1	2	1		1	2	1			1	3			3	1		1	2	1			1	3			1	3					1	2	1	

図3　言語機能アセスメント

　ウ　**アセスメントによる指導仮説**

　J☆sKepの平均は2点前後であることから，活動の流れを同じにして学習に見通しがもてるようにした中で個別のスケジュールを使用し，必要なものを判断して自ら活動に取り組めるようになると考える。また，スケジュールの要求や活動終了の報告をすることで，表出系のコミュニケーションを使用し「相手に伝わる」経験を増やす。聴覚的把持力が2ユニット以下なので簡潔な言葉かけをする。

　エ　**本時のねらい**
・スケジュールを確認し，必要なものやその場所を判断することができる。
・スケジュールの要求や，仕事が完了した報告をすることができる。

　オ　**本時の展開（丸数字は「3　取組の展開」の①～④に対応）**

学習活動	○指導の工夫　☆教師の支援
・あいさつ　③	☆姿勢，視線が教師に向くよう言葉で促す。
・スケジュールをもらう。①	○コミュニケーションブックを使い，個別のスケジュールを要求し，受け取る。「～をください」。
・自分の仕事（係）を確認し，自発的に動く。②	○必要な係カードを，自分で選択する。「行ってきます」。 ○仕事を終えたら，係カードを教師に渡して報告をする。「できました」。 ☆何を言うのか分からなくなった場合は，必要な言葉が書かれたカードを見せる。

	○報告後，教師からの称賛とともにごほうびシールを手渡す。
・身体の取組（バランスボール）④	○バランスボールでポーズを取る際は，手をつく位置をステップで示す。 ☆ボールを見て衝動的に前に出ようとした場合には，順番表を指さす。 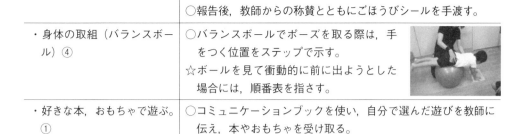
・好きな本，おもちゃで遊ぶ。①	○コミュニケーションブックを使い，自分で選んだ遊びを教師に伝え，本やおもちゃを受け取る。

カ　結果とまとめ

　個別のスケジュールを準備することで，自らスケジュールを確認し，必要なものを判断して，活動に取り組めた。自発的な活動は，考える力や判断する力の育成につながっている。表出系コミュニケーションでは，相手に伝える場面を設定した。定型的な報告等の表現の向上が見られた（「東京都立八王子特別支援学校　平成28年度実践研究」より抜粋）。

4 成果と課題

　5年前より小学部1年から高等部3年までの12年間を「ことば」を軸にしてつなぎ，自立活動を基盤にした「分かる授業」を実施してきた。集団の中でも個別に指導ができるように指導方法を工夫して，20分間の帯の時程で自立活動に毎日取り組み，他の授業で般化する中，小学部2年生だったAさんは5年間でJ☆sKepの平均点が1.2から2.3まで伸びた。情動のコントロールが課題だったが，6年生の現在，落ち着いて授業に参加できるようになっている。本校では研究テーマを「一人一人のことばの力を高める授業づくり」とし，サブテーマを授業改善の目標としてきた。毎年PDCAサイクルで課題解決してきたので，下記のとおり，サブテーマの変遷が取組の成果だと考えている。

- 平成25年度：小中高でつながりのあるコミュニケーション指導に向けて
- 平成26年度：分かって動ける授業づくり
- 平成27年度：主体的な動きから導き出される思考力，コミュニケーション力の育成
- 平成28年度：教科指導を通して育てる思考力・判断力・表現力
- 平成29年度：知的障害特別支援学校における主体的・対話的で深い学びとは

〈吉田　真理子〉

カリキュラム・マネジメントの視点

自立活動の時間における指導を意図的・計画的に位置付け，主体的・自発的な取組を促している。その際の工夫として，週時程上，帯状に自立活動の時間を設定し，自分で取り組める機会を多くつくっている点がポイントである。並行して外部専門家の積極的な活用により，実態把握や指導の手立ての細かな検討等，教師の専門性向上に努めている点や，研究プログラムを詳細に立案・実施し，組織としての知見を共有している点が特徴である。

4 教育施策とカリキュラム・マネジメント

ネットワークを活用した教育課程の改善

1 取組に至る経緯

　見附市は新潟県の中央部に位置し，人口4万人ほどの地方都市である。市内には小学校8校，中学校4校，特別支援学校1校がある。

　見附市は，「ふるさと見附を愛する子ども」「世に役立つことを喜びとする子ども」の育成を目指している。地域と学校が共に協力しながら子供たちを育てていく「共創郷育」の理念のもと，「地域とともにある学校づくり」を推進して，「学校と地域が元気になる好循環」の創出を目指してきた。そのため，文部科学省の指定を受け，平成18，19年度は「新教育システム開発プログラム事業」に取り組み，全学校に教育コーディネーターを配置した。平成20年度からの「学校支援地域本部事業」では，学校はもっと地域の教育資源である「ひと，もの，地域の声」を生かして教育課題に対応することが必要であるとの方針で事業を展開した。その結果，学校支援ボランティアの組織化が進み，その数は2倍となり，外部人材の活用が大きく伸びた。各学校における特色ある教育活動もたくさん生まれた。これらの取組を踏まえて，地域と共にある学校づくりの一層の推進を目指して，平成23年度から「コミュニティ・スクール（学校運営協議会）の推進への取組」を全小学校と中学校1校でスタートした。

　見附市立見附特別支援学校は，隣接する小学校と廊下でつながる養護学校として平成14年度に開校した。平成14年度から16年度まで文部科学省研究開発学校としての指定を受け，「知的障害児の社会性の育成を目指して―地域社会で生きていく力を育てるために，パートナーシップ（連携関係）を取り入れたカリキュラム開発―」に取り組んだ。この研究指定を受けてつくり出されたカリキュラムは，現在も当校のカリキュラムのベースとなっている。また，「新教育システム開発プログラム事業」，「学校支援地域本部事業」にも取り組み，地域と共にある学校づくりを進めてきた。

　開校時，当校には小学部と中学部が設置されていたが，高等部進学を希望する生徒や保護者の強い要望があり，平成21年度に高等部重複障害学級，平成25年度に高等部普通学級が設置された。新たに設置された高等部の教育活動を充実させるための教育課程の整備と卒業後に社会へ巣立っていく子供たちの進路指導，就労支援が大きな課題となった。

　これまで取り組んできた「地域とともにある学校づくり」の実践を踏まえ，学校課題を解決し，障害のある子供たちの「地域で生きる力を支える学校づくり」を推進するため，平成26年度よりコミュニティ・スクールに取り組むこととした。

2 カリキュラム・マネジメントに向けて

　コミュニティ・スクールがスタートした平成26年度は，高等部普通学級設置とともに入学した生徒が2年生となり，卒業後の進路保障，就労支援が喫緊の課題となっていた。

　そもそも障害のある子供たちの「暮らす力」や「働く力」は，授業を中心とする教育活動と学びの場を校外に求め，地域の中での学びや産業現場で実際に働く体験を通して育まれていくものである。課題解決のためには，これまで以上に外部の関係機関との協働によるキャリア教育を重視した教育課程の編成が必要であった。

　そこで，福祉，医療，労働等の関係機関と協働するネットワークをつくることや，子供たちの学びを充実させるための校内体制の整備，キャリア教育を重視した教育課程の改善を同時進行で進めることとした。コミュニティ・スクールの推進により，学校が積極的に地域社会に働き掛けることで，教育活動に必要な人的・物的体制を整え，教育活動の質の向上を図ることができると考えた。

3 取組の展開

（1） コミュニティ・スクール推進委員会の見直し

　見附市では，平成23年度から市内の全小学校と中学校1校がコミュニティ・スクールに指定され，取組をスタートさせた。当校の指定は平成26年度からであるが，平成23年度にコミュニティ・スクール推進委員会を置き，関係者に委員を委嘱し，教育コーディネーターを中心に教育活動についての情報交換やアドバイスをいただけるようにした。

　発足時のコミュニティ・スクール推進委員会は，元職員，元保護者など比較的当校に対して肯定的な委員で構成され，開かれた意見交換とは言えない現状があり，熟議を深めるという状況にはなかった。また，外部に対しての情報発信や外部の関係機関との連携が不足しており，関係機関との協働により教育活動を充実させ，学校課題を解決していこうとする視点に欠けていた。

　そのため，コミュニティ・スクールの指定を契機に，児童生徒の自立と社会参加を促すために，広く地域から有識者を募り，外の目をもつ委員を入れ，厳しい視点からの意見を基に当校の学校課題を改善する必要があると考えた。そこで，障害者支援に詳しい施設の園長や，生活介護や就労移行支援サービスを提供する福祉事業所の施設長，障害者団体の代表などに委員を委嘱し，少しずつ開かれたコミュニティ・スクール推進委員会に向けて再構築を始めた。学校への理解だけでなく，学校と関係機関との協働のために，その核となっていただきたい方々に委員を委嘱することにより，コミュニティ・スクール推進委員会（学校運営協議会）の活性化を図った。

（2） 関係機関と連携するためのネットワークの構築

　連携や協力，協働のためには，互いの顔が見える関係をつくり，現状や課題，今後の在り方等について意見交換をする場が必要である。学校課題の解決のためには，学校からの

一方的なお願いだけでなく，学校のことをよりよく知ってもらい，熟議を深め，学校，保護者，関係機関等の協働により，障害のある子供たちに関わる様々な支援者が一体となって機能する仕組みが必要である。この仕組みづくりを進めるため，平成26年度より「障害のある子供たちの地域生活を支えるネットワーク会議」を実施してきた。

　ネットワーク会議の内容は，①学校からの情報提供，②授業見学，③関係機関や当事者からの情報提供，④グループ別協議となっている。平成29年で第4回を迎えたが，回を重ねるごとに参加者が増加するとともに，多方面から参加していただけるようになり，ネットワークの広がりを感じている。

　ネットワーク会議では，当校の教育活動に対する理解と児童生徒，とりわけ高等部の生徒について，教育課程や実際の授業から実態を伝えるようにした。また，様々な関係機関の皆様から情報提供をしていただけるように工夫した。第1回ネットワーク会議では，就労支援を重視した関係機関の方々にパネラーをお願いして意見交換を行った。第2回ネットワーク会議では，障害者雇用を行っている企業の担当者やぷれジョブみつけの代表，障害者スポーツサークルの代表などから情報提供をしていただき，就労支援だけでなく，障害のある子供たちの地域生活を支える視点を重視して行った。第3回のネットワーク会議では，もっと当事者の意見を聞き，その声を活動に反映する工夫が必要との反省を生かし，高等部普通学級卒業生の保護者に情報提供をお願いし，保護者の参加も募った。第4回ネットワーク会議では，卒業生の保護者だけでなく，高等部卒業後に一般就労して高齢者施設で働いている卒業生からも情報提供してもらうようにした。

写真1，2　ネットワーク会議の様子

(3)　教育課程の改善

　ネットワークの構築と同時進行で，ネットワークを活用した教育課程の改善，就労支援の充実に取り組んだ。取組をスタートさせた頃は，高等部普通学級が設置されたことが地域社会に認知されておらず，職場実習に協力してくれる企業は11社。さらにその中で，高等部卒業生の障害者雇用を検討してくれる企業はない状態であった。したがって，高等部生の実習協力企業の開拓や就労支援を充実させるための校内体制の整備が必要であった。

　校内に教育課程検討委員会を設け，高等部教育課程の改善と小学部段階からのキャリア教育の充実に向けて検討を重ねた。検討の結果，グランドデザインに各学部別にキャリア

教育の視点を明記するとともに，キャリア教育の全体計画を作成し，小学部段階からキャリア教育の視点を重視した教育活動が展開できるようにした。増え続ける進路指導業務への対応と小学段階からのキャリア教育を推進するため，校務分掌にキャリア教育部を位置付け，各学部からの人員を配置した。また，進路指導主事を級外として，様々な課題に迅速に対応できる体制を整えた。また，これまでの実践を整理し，学部ごとの学習内容を系統的に位置付けたことで，目指す子供像が明確になり，教育実践の具体性が増した。小学部や中学部は高等部での活動や高等部卒業後の姿をイメージしながら活動を行い，これまで点として完結していた実践が線になってつながり始めている。

4 成果と課題

（1） 成果

① 学校運営協議会やネットワーク会議の開催により，地域の資源を活用して教育活動の質を高めていくための土台ができた。実習協力企業は60社を超え，作業学習に仕事を委託してくれる企業も増加した。これにより，一般就労を希望する生徒の実態やニーズに応じた多様な実習が可能となり，職業選択の幅が広がった。これまでの取組により，9名（卒業生31名）が一般就労を果たし，地元の企業で元気に働いている。

② 実習協力企業や福祉事業所との連携・協働により，キャリア教育のサイクルができてきた。学校の授業で生徒自身の自己理解やスキルの向上を図り，実習の中で成果を確認するとともに新たな課題を発見する。その課題を学校の授業で改善し，次の実習につなげていく。このようなサイクルの中で生徒一人一人のキャリアアップを図る体制づくりを進めることができた。

（2） 課題

① 生徒の働く力の育成や就労支援の充実を目指して取組を続けてきた。しかし，卒業後の生活を豊かにするためには余暇活動の充実も重要である。余暇活動の充実を目指した教育活動の工夫や，地域での余暇活動を支える基盤づくりが必要である。

② 連携・協働のためには情報の共有が不可欠であるが，学校が発信する情報は思っている以上に外部に届いていないことが分かってきた。情報発信の仕方について検討し，必要な人に，必要な情報を届けるための工夫が必要である。

〈小玉 義明〉

📎 カリキュラム・マネジメントの視点

コミュニティ・スクールの推進により，地域と共にある学校づくりを進め，社会に開かれた教育課程を具現化する中で，卒業生の進路保障や自己理解を深める取組を充実させていた。ネットワーク会議の立ち上げや教育課程検討委員会，キャリア教育部の組織化等，学校の外と内に存在する諸課題を結び付け，効果的に解決を図る組織作り，体制作りが推進されている。キャリア教育の視点の導入も教育課程の組織化を図る工夫となっていた。

4 | 教育施策とカリキュラム・マネジメント

学校を核とした地域の創造
～「つながり」をキーワードに～

1 京都市における学校運営協議会

　京都市では，平成16年から学校運営協議会の設置を行い，平成29年3月時点で，京都市立の約9割の学校・幼稚園に学校運営協議会が設置されている。平成24年から文部科学省委託事業として，「コミュニティ・スクールでの熟議と協働の充実に関する研究」の指定を受け，さらに平成29年4月より京都市教育委員会における担当部署として，生涯学習部に学校地域協働推進担当が新たに設置され，各校においては生涯教育との関連を図りながらさらなる活動の充実に向けて取り組んでいる。

　京都市立総合支援学校では，平成17年に京都市立西総合支援学校（当時は京都市立西総合養護学校）に，特別支援学校では全国初の学校運営協議会が設置され，翌年平成18年に北総合支援学校，東総合支援学校，呉竹総合支援学校の3校に設置された。その後，平成20年に白河総合支援学校，平成23年に鳴滝総合支援学校，平成24年に桃陽総合支援学校に順に設置され，平成28年白河総合支援学校の分校から本校化された東山総合支援学校にも開校と同時に設置されることになり，現在，市立の総合支援学校8校全てがコミュニティ・スクールとして特色ある取組を推進しているところである。

2 総合支援学校における学校運営協議会の役割

　総合支援学校におけるコミュニティ（地域）は，「学校のある地域」と「児童生徒が暮らしている地域」から成り，ローカル・コミュニティ（居住する物理的空間を同じくする人たちの集まり）と，テーマ・コミュニティ（ビジョン，価値観，関心等を共有する人たちの集まり）の二つの要素を有している。スクールバスや公共交通機関を利用して学校に通う子供たちの通学区域は広範囲に及んでいるが，障害のある子供の教育の推進というテーマを共有することにより，学校を中心として学校と「学校のある地域」「児童生徒が暮らす地域」の双方向の援助と協働が成立すると考える。

　京都市の学校運営協議会の特色は，学校のご意見番の機能を担う「理事会」と応援団の機能を担う「企画推進委員会」が一体となっているところにある。保護者，地域関係者，学識経験者等幅広い分野の方々が集まり，「子供たちをどのように育むか」を明確にし，学校運営や学校の取組に対して意見を出し，共に考え，地域と学校と保護者が一体となって行動し，双方向に支え合うことを通して，子供たち一人一人がより暮らしやすい地域を創造することを目的とする組織である。「何のために，何をするのか」といった目的，課

題を共有し熟議を重ね，共に行動することを大切にしている。

3 連携・協働による取組

　筆者が勤務する呉竹総合支援学校の学校運営協議会は，教育課程研究，授業改善において指導をいただいている学識経験者をはじめ，地域社会福祉協議会，保健福祉センター等関係機関の代表，地域女性会の代表，呉竹余暇体験サークルの関係者に委員を委嘱している。いずれも本校の地域と関わりの深い方々である。そして保護者の代表としてPTA役員の方々にも参加いただいている。

　会議は年3回，教育課程のPDCAサイクルに組み込み実施することで，教育課程

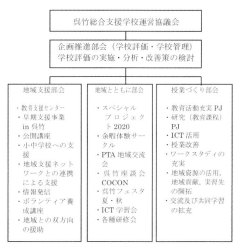

図1　学校運営協議会組織図

の評価・改善に学校運営協議会の意見を反映している。第1回目は6月に実施し，学校教育目標と学校運営の基本方針の確認と承認，授業見学，第2回目は10月に実施し，前期学校評価の分析と後期の取組の確認，第3回目は2月に実施し，後期学校評価の分析と次年度の取組についての提案や相談を主な内容としている。

（1）　企画推進部会～学校評価～

　学校評価は開かれた学校づくりを推進し，カリキュラム・マネジメントを実践する上で，重要な役割を果たしている。委員の方々には，学校評価アンケート結果の分析や，取組の評価，項目の見直し等についての熟議を通して，学校運営に参画しているという意識をもっていただくことが大切であると考える。平成29年度第2回目の学校運営協議会では，次のような意見や疑問が挙がった。

　　・同じ項目でも，学部によって評価結果（実現度）に違いが見られる。

　　・「ルールやマナー」について家庭での評価結果（実現度）が低い。

　　・余暇活動につながる取組について，学校と保護者の認識に差異がある。

　これらに関する熟議では，本人・保護者の願いや卒業後のイメージが年齢により異なるという学部間の違いを確認し，この違いを埋めるためにも学年・学部間の系統性を考え，体験を段階的につなげていくことが重要であるという意見が出た。そして，学部間の縦のつながりや家庭・地域生活への横のつながりの視点で取組を整理することが学校力を高めることにもなるという助言を受けた。また，保護者代表の委員から，学年懇談会のもち方やPTA主催の学習会等の現状，スクールバスのバス停での保護者のネットワークづくり等，保護者間の学年・学部を超えたつながりに関する発言があり，今後のPTA活動の在り方や，学校からの迅速で正しい情報発信の方法と重要性についても考える場となった。

社会生活に関するルールやマナーについては、家庭での親子関係や地域との関わりが希薄であること、余暇活動においては、増加する放課後デイサービスの利用や余暇の過ごし方の変化等、子供たちの家庭や地域での生活の現状と課題について協議し、教育課程の実践や見直し、後期の取組につながる貴重な情報やヒントを得ることができた。

(2) 地域支援部会～地域と連携した研修会～

平成27年度に、学校運営協議会委員の協力を得て、学校と社会福祉協議会、民生委員児童委員協議会が共催し、学校の取組や障害のある子供たちの理解をテーマに研修会を実施した。参加者の中には、総合支援学校に初めて来校したという地域の住民も多くおられ、まずは学校に来ていただくよい機会となった。保護者の話を聞き、親の思いや子供たちの様子を知って、「何か協力できることはないか」という感想もいただいた。これらの活動が契機となり、今後は、高齢者や障害のある子供とその保護者が安心して暮らせる地域づくりに向けた取組として、防災に関する研修会や防災訓練等の実施を共に進めていく予定としている。

(3) 地域と共に部会～呉竹余暇体験サークル～

呉竹余暇体験サークルは、障害のある子供たちの余暇の充実や地域のネットワークづくりを活動の目的として、平成18年より学校が主体で取組を始めた。その後、徐々に規模を広げ参加者を増やし、今では保護者が運営の中心となり活動を継続している。

現在、「和太鼓」、「リラックス」、「アウトドア」、「写真」の四つのサークルと「ランニングの会」があり、サークルごとに月に1回程度休日に開催している。本校に在籍する児童生徒だけでなく、卒業生や地域の小・中学校の育成学級（特別支援学級）に在籍する児童生徒、保護者の方々も参加し、地域とのつながりを大切にしながら参加者が誰でも楽しめる活動や、地域行事への参加、展示会へ

写真1　地域の地蔵盆に参加した様子

の作品の出展等を行っている。平成29年度は、これまでの活動を振り返り、活動のねらいや内容の周知徹底と新たな参加者の募集を図るため、活動のDVDと案内を作成し地域の小・中学校へ配布した。2月には、全てのサークルの仲間が集い、福祉施設や地域関係機関の協力も得て、「呉竹祭」を実施する予定である。

学校運営協議会では、「子供にとって意義のある取組にすること」、「継続した取組にすること」を柱に協議を進めてきたが、一方で、サークルによっては参加者が減っているという現状や、放課後や休日の過ごし方の変化について意見が出されており、「余暇の実態に応じたサークルの在り方」、「余暇活動を支えるための地域とのつながり」等の観点から、より充実した取組になるよう今後も協議を進めてきたいと考えている。

4 成果と課題

　京都市における平成16年の総合支援学校再編以降，当初は，地域資源を活用する学習を通して地域の理解と変容を目指そうと，学校側から一方向的に「地域」を捉えていたと振り返る。しかし，学校運営協議会の協力により，徐々に双方向の関係が深まり，地域の人材や資源を生かした学習が定着し，その成果を実感している。

　写真2，3は，各教科等を合わせた指導の一環である「ワークスタディ『環境メンテナンス』」の学習で，平成18年度から取り組んでいる「天ぷら油の回収」の様子である。子供たちはこの学習を通して，学校のある地域やそこに住む人々を知ることができ，地域の人々には学習のねらいや子供たちの様子を直接知り，理解してもらうことができる。次の回収を頼りにする家庭も多く，地域の人々の「ありがとう」，「助かります」の一言が子供たちの自尊感情や自己肯定感を高め，次の学習への意欲につながっている。

写真2，3　地域での天ぷら油の回収の様子

　これからの総合支援学校には，テーマ・コミュニティの中核としての学校力の向上が求められている。そのためには，総合支援学校の学校力の核となる総務，指導，支援の3部体制による学校組織やカリキュラム編成，個別の教育支援計画と個別の指導計画の機能を併せ有する「個別の包括支援プラン」に基づく授業実践力や専門性，センター機能等を地域の小・中学校に在籍する障害のある子供たちのためにさらに活用することに加え，学校と地域が連携・協働して取り組む教育活動を組織的に展開していくことが必要である。地域に開かれた学校や社会に開かれた教育課程の実現に向けて，学校と地域をつなぐ接点である学校運営協議会の活用が，カリキュラム・マネジメントを進める上で重要である。

〈伊丹　由紀〉

📎 カリキュラム・マネジメントの視点

　社会に開かれた教育課程の実現を図るため，学校運営協議会を核としたカリキュラム・マネジメントを実施している貴重な実践である。学校評価アンケートで得られたデータや外部有識者等の意見を手掛かりにしながら，自校の教育課程編成の在り方を見直し，地域そのものの変容を視野に入れた学校・地域協働の取組を進めている。学校と地域が双方向性をもって関わりを深める中で特別支援教育の視点を社会に開いている点がポイントである。

4 教育施策とカリキュラム・マネジメント

特別支援学級担当者の専門性向上パッケージの開発
〜千葉県総合教育センターの調査研究事業より〜

1 取組に至る経緯

　県内の小学校及び中学校においては，児童生徒数の減少にもかかわらず，特別支援学級在籍者数は年々増加の一途にある。加えて，在籍する児童生徒の実態も多様化していることもあり，特別支援学級担任の専門性や実践力の向上が大きな課題となっている。

　そこで，特別支援学級担任の日々の教育実践上の課題解決の糸口や専門性の向上のために活用できるコンテンツを整備した「専門性向上パッケージ」の開発に取り組むこととした。研究は3年計画とし，県内の特別支援学級担任1734人を対象に，実践上の課題等に関する質問紙調査を実施し，現状と課題を明らかにした上で内容の検討を進めた。

2 カリキュラム・マネジメントに向けて

　質問紙調査の結果から，特別支援学級担任が抱える指導上の悩みや課題は，「教科・領域の指導」が最も多く，続いて「障害特性の理解と対応」，「教育課程の編成」となっていた。「教科・領域の指導」においては，①「何を，どこまで，どのような方法ですべきか」が分からない，②障害の程度に大きな幅があることから，複数の児童生徒を一斉指導することに困難さを感じている，等が挙げられていた。

　あらゆる教育活動は，児童生徒の実態を適切に把握して編成した教育課程が基盤となる。特別支援学級は，法令において特に必要な場合は「特別の教育課程」によることができるが，本県では，「特別の教育課程」を編成するための知識や編成作業の進め方について，具体的に例示した刊行物は少なかった。そこで，適切な教育課程の編成を軸としながら指導改善を図る一助となるようなパッケージ開発に取り組むこととした。

3 取組の展開

　特別支援学級の教育課程は，小学校または中学校の学習指導要領に基づいて編成されていくことになるが，障害のある児童生徒の実態を踏まえながら特別の教育課程を編成していくことになる。しかしながら，県内の特別支援学級の教育課程編成については，在籍する児童生徒が替わっても教育課程は前年度と変わらなかったり，指導する教科の偏りが見られたりする等の教育課程編成上の課題が見受けられた。また，個別の指導計画等が引き継がれても内容のほとんどが文章で表現されるため，初めての特別支援学級担任にとっては十分に読み取れないことにより，指導すべき内容がの焦点化が難しいことがある。そこ

で，児童生徒が小学校または中学校卒業までに育成を目指す資質・能力を検討して，学習指導要領に示された各教科の内容に照らし合わせながら当該年度末までに指導すべき内容を選定する「各教科の到達目標及び内容選択表」（表1）を考案した。

表1　各教科の到達目標及び内容選択表（小学校編）

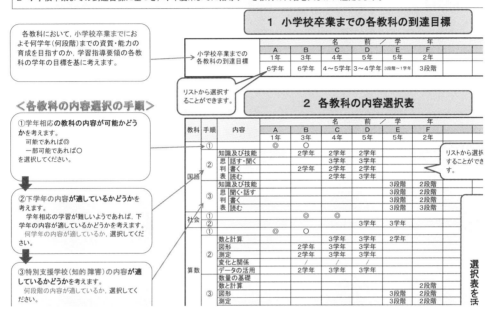

　このシートは，平成29年3月に告示された小学校及び中学校学習指導要領の第1章第4の2の(1)のイに示された「特別支援学級における特別の教育課程」の編成(イ)の内容を具体化したものでもある。国語や算数・数学においては，指導内容が偏らないように，領域ごとに選択できるようにした。特別支援学級担任の課題である「何を，どこまで」指導するかについての解決の一助となるとともに，個別の指導計画の作成や評価を行う際にも役立てられると考える。また，管理職はもとより，主幹教諭や教務主任，教科担任，交流学級担任等も含めて，カリキュラム・マネジメントの視点で，特別支援学級に在籍する児童生徒の指導すべき内容の検討や時間の配分，必要な人的・物的体制等の検討，教育課程の実施状況や授業の評価改善を図る一助としても活用できると考える。他にも，特別支援学級の大まかな実態が捉えられ，学習の状況を把握することもできるので，指導の連続性を踏まえた次年度の引継資料としても活用することができる。

　「各教科の到達目標及び内容選択表」は，当センターが開発した五つのコンテンツから構成された「専門性向上パッケージ」の「子ども理解と教育課程編」に収められている。「子ども理解と教育課程編」には，他にも，

　・障害の特性についての理解や実態把握の仕方

- 特別支援学級の教育課程の基本的な考え方についての説明
- 段階間,学校間,学年間の各教科の目標や内容を整理した「各教科の目標や内容の『学びの連続性』一覧表」(表2)
- 「各教科の到達目標及び内容選択表」を活用して授業時数や時間割を考えるためのシートや時間割例
- 年間計画例

等がある。「各教科の目標や内容の『学びの連続性』一覧表」は,国語や算数・数学においても領域内によって到達度に差があることや,小・中学部と小・中学校の教育内容のつながりがよく分からない等の課題への補助シートとして作成した。「学習をしたが再度学習することが必要」「習得できている」等をチェックする欄も設けている。

表2　各教科の目標や内容の「学びの連続性」一覧表

最後に,「専門性向上パッケージ」は,「Ⅰ　特別支援学級担任の1年」,「Ⅱ　子ども理解と教育課程編」,「Ⅲ　授業実践編」,「Ⅳ　教材・教具編」,「Ⅴ　教育動向編」の五つのコンテンツから構成されている。「Ⅰ　特別支援学級担任の1年」については,一年間を見通した学級経営が進められる「特別支援学級担任の1年」や特別支援教育に係る用語集等が,「Ⅲ　授業実践編」は,異学年集団かつ個人差が大きい学級において「各教科の到達目標及び内容選択表」を基に,目標や評価規準を設定し,主体的・対話的で深い学びのある授業を目指して実践した授業モデル例等が収められている。平成30年4月以降に千葉県総合教育センターHPからWeb発信を予定している。

4 成果と課題

「専門性向上パッケージ」の開発に当たり,研究協力員として,特別支援教育担当の指導主事4名と小学校及び中学校特別支援学級担任10名に協力いただいた。「各教科の到達目標及び内容選択表」においては,特別支援学級担任の研究協力員に実際に使用してもらいながら検討を重ね,修正を加えていった。このシートを活用することで,「特別支援教育支援員や教科担任等と指導内容の検討や共有化を図ることができる」,「児童生徒に一年

間でどのような学習を行っていくのかを伝えることができ，児童生徒自身が目標をもつことができる」，「改めて学習指導要領や教科書等と照らし合わせながら内容を選択することで，保護者に対して，一年間でどのような学習を進めていくのかを，分かりやすく説明することができる」との感想もあった。他にも，中学校の研究協力員からは，「小学校から，このシートを引継資料としてもらえると，小学校と中学校間の連続のある学びが可能となり，しかも何を指導していけばよいのかが分かる」との評価があった。しかし，内容選択の作業場面では，小学校の特別支援学級担任は短時間で行えたのに対し，中学校の特別支援学級担任は時間がかかっていた。

写真1　特別支援学級担当者の専門性向上パッケージ

「教科担任制であり，かつ，小学校の指導内容はよく分からないから，選択が難しい」との意見が挙がり，「各教科の目標や内容の『学びの連続性』一覧表」も作成するに至った。

　特別支援学級に在籍する児童生徒が増加，多様化する中で，特別支援学級担任は，悩みながら教育課程を編成してきた。個別にどのような内容を選択して学習していくのかを，表1のシートを使って可視化することで，特別支援学級の「より分かりやすい教育課程」につながることを願っている。

　「各教科の到達目標及び内容選択表」を含め，「特別支援学級担当者の専門性向上パッケージ」の周知が今後の課題である。特別支援学級担任の研修はもちろん，管理職や通常の学級担任，教科担任にも活用してもらえるように，市町村教育委員会とも連携を図っていきたい。

〈堀内　厚子〉

カリキュラム・マネジメントの視点

教育施策を効果的に推進する立場から，特別支援学級担当者の専門性向上と各学校や教職員が実施するカリキュラム・マネジメントをどのように支えていくかという視点で調査研究を実施し，その成果を学校現場に還元しようとした取組である。特に特別支援学級の児童生徒の実態の多様化に対応した「各教科の到達目標及び内容選択表」は，教育内容の組織的配列を念頭に置いた教育課程編成のPDCAサイクル確立のためのツールとなっている。

4 教育施策とカリキュラム・マネジメント

教育課程編成の進め方に関する工夫

1 二つのエピソードから

　まず，二つのエピソードを紹介することで，カリキュラム・マネジメントの教育施策としての課題を提案し，その取組に対しての工夫を紹介していきたい。

　ある協議会で「カリキュラム・マネジメント」の講義後に，現在行っている「カリキュラム・マネジメント」を説明してくださいとお願いしたところ，その反応は今一つの様子であった。言葉を変えて，「教育課程の改善についてのスケジュールやその具体的な内容を説明してください」と伝えると，自分たちが行っている「カリキュラム・マネジメント」を説明してくれた。また，具体的な内容としては，学習集団をどうするのか，施設の調整をどうしていくかが主な話題であった。「なぜ，この教科の授業時数はこうなっているか」の問いには，今までがそうであったからといった正直な声も聞かれた。このエピソードから分かるように，「カリキュラム・マネジメント」という言葉は，まだ学校現場には浸透していないことが分かる。

　若手の教師が多い研修会で，「生活単元学習」はどういう教科があるのですかという問いに「分からない」との声が多数であった。また，教科別の指導「国語」の「書く」という内容は「国語」の授業以外にもどのような授業で生かすことができるかとの問いにも「分からない」との声が多数であった。

　二つのエピソードから，「カリキュラム・マネジメント」を語る前に，教育課程とは何か，授業はどういう考えで成立しているのかを整理する必要があり，その教育施策を充実させることが「カリキュラム・マネジメント」につながっていくと考えた。

2 これまでの取組

（1） 教育課程編成表について

　教育課程編成については，毎年1月末までに教育課程編成表の提出を各学校に求めている。教育課程編成表には，生活単元学習や作業学習といった指導の形態は示さず，学校教育法施行規則の第126条から第128条に示されている各教科・領域を履修していることを明確にするために，各教科・領域で示し，また，授業時数の割合も明示している。

　指導要録についても同様であり，各教科・領域でどういう力が身に付いたかが反映できるようにしている。

（2） 具体的な指導内容について

これまでの知的障害者である児童生徒に対する教育を行う特別支援学校の各教科（以下，「知的教科」）については，内容が概括的に示されており，それぞれの教師が児童生徒の実態に応じて具体的な指導内容を考える必要があった。また，岡山県では，平成19年度以降に新たな学校が設置されたり，児童生徒数の増加とともに，教職員の数も増加したりしており，専門性の向上が喫緊の課題であった。中でも，小学校等から転勤してきた者にとっては分かりづらい状況もあった。そこで，平成24年３月に岡山県特別支援学校長会と共同で各教科・段階ごとに具体的な指導内容を示した「岡山県特別支援教育教育課程指導資料」（図１，http://www.pref.okayama.jp/site/16/273081.html）を作成した。これについては，Webからもダウンロードできるようにしており，どこの学校へ行っても同じ言葉で話ができるようになり，教職員が転勤しても話のずれがなくなり，授業改善にもつながっている。また，これを活用するために総合教育センターでの研修も充実させているところであり，さらに促進していく必要がある。

図１　岡山県特別支援教育教育課程指導資料

（3） 教育課程研究協議会

教育課程に関わる県内の課題を整理するために，年に一度，教育課程研究協議会を行っている。参加者については校長，副校長，教頭，指導教諭，主幹教諭等である。この協議会の内容については，各校でも伝達するよう依頼している。内容については，平成26年度まではキャリア教育に関する話題が中心であったが（図２），ここ数年は，居住地校交流やICTの活用等，様々な視点から実践報告をしてもらい，どういった指導内容が必要かといったことを共有している。しかし，長期的な視点で，県内の教育課程をどう考えていくかということにはつながっておらず，新学習指導要領の改訂に伴い，この協議会をどうしていくのか，教育施策としての「カリキュラム・マネジメント」が求められている。

図２　岡山県特別支援教育キャリア教育の発達段階表

3 現在の取組

（1） 特別支援学校における新しい教育課題研究事業

平成28年度からの新規事業として，新学習指導要領の改訂やインクルーシブ教育システムの構築を進める中で，新しい教育課題への対応が求められており，その課題に対して実

践研究を行っている。具体的には，居住地校交流，ICT活用，重度・重複障害者の教育課程，小・中学部のキャリア教育等である。実践を広げるために事業を受託した学校で公開授業と協議会を行い，他校との成果と課題を共有する場となっている。また，複数の学校で行われていることから，これらを取りまとめて整理する場が必要である。上記の教育課程協議会を含め，県内でどのようにこの成果と課題を共有するかが課題である。

（2） 学習評価等の手引き作成委員会

新学習指導要領についての話題がいくつか取り上げられるが，どのような力が身に付いたかという学習評価の視点が課題として挙げられる。また，学習評価を考えていく一つのツールとなるのが，学習指導案である。そこで，岡山県特別支援学校長会と共同して，学習評価の考え方とそれを反映した学習指導案の様式を検討する「学習評価等の手引き作成委員会」を立ち上げ現在検討中である。これらの資料を県内でどのように広げ，活用していくかが課題である。

（3） 指導教諭連絡協議会

指導教諭の資質・能力の向上と授業の実践的な課題を整理するために，指導教諭連絡協議会を開催している。具体的には，実際の授業を見ながら具体的な指導内容をどう設定するか，さらには授業改善の進め方をどのように行っていけばよいのかといったことを共有し，県内全体で授業改善が図られるようにしている。ここ数年は，学習評価についての話題を取り上げ，上記の学習評価等の手引き作成委員会と連動しながら行っている。

（4） 学校訪問

学校の実態を把握するために，学校訪問を年に2回行っている。その1回は，一つの授業を参観し，それに基づき協議を行っている。ここ数年は，その授業の主指導者を指導教諭にお願いし，その授業を他校からも参観できるようにし，県内の専門性の向上を図っているところである。協議の最後に指導主事が助言する場面が多いが，できる限り，カリキュラム・マネジメントの視点で助言し，学校現場に具体的な授業を通して理解してもらえるようにしている。

以上，現在行っている取組について紹介したが，今後は，学校現場が創意工夫しながら，「カリキュラム・マネジメント」を行っていく必要がある。そのときに何を手掛かりにしていくか整理してみたい。

4 これからの課題

（1） 社会に開かれた教育課程

岡山県では，平成30年度から平成34年度にかけて，第3次岡山県特別支援教育推進プランに基づき施策を行っていく予定である。

カリキュラム・マネジメントの視点からは，「社会に開かれた教育課程の実現」をキーワードに取り組む予定である。具体的には，実社会からの学びをキーワードに，近隣の事

業所での定期的な実習や地域の方に対面して販売する実習を教育課程に位置付けて行うこととしている。そのときにどういう教科等で位置付けていくのがよいのか，授業時数はどれくらいが適当なのか，その具体的な指導内容は何か，それは他教科等との関連をどの程度図ることができるのか，他教科で行っている指導を生かすことができないかといったことを検討する必要がある。このような検討をすることによってカリキュラム・マネジメントの視点を学校現場に浸透していきたい。

（2） 具体的な指導内容

先に紹介した「岡山県特別支援教育教育課程指導資料」は，現行学習指導要領（平成21年3月告示）の内容を反映したものである。新学習指導要領では，新たに中学部が2段階で設定されること，小学部に外国語活動を設けることができる等，見直しが必要となる。新学習指導要領では，育成を目指す資質・能力で整理され，各教科に指導計画の作成と内容の取扱いも含め，かなり具体的に指導内容が示されている。今までの示し方でよいのか，あるいは違う示し方がよいのか検討していきたい。

（3） 個別の指導計画

実際の授業レベルの視点で最も重要になるのが，個別の指導計画の活用である。本県の特別支援学校の個別の指導計画は概ね，各教科の前期・後期の目標が設定されているが，具体的にどういった指導内容を扱うのか分かりにくい状況である。また，「日常生活の指導」，「生活単元学習」，「作業学習」といった指導の形態を採り，さらに多くの授業時数を配当している学校が多い現状を踏まえると，個々の児童生徒が何を学んでいくのか，それをどこの時間で学ぶのかを詳細に整理しておく必要があると思われる。しかし，これをどのように，誰が，いつ，どこで整理していくのかは，今後の検討課題である。

以上が課題であるが，カリキュラム・マネジメントにおいて最も大切なことは，各教職員が学校教育目標や目指す児童生徒像をもとに授業を語ることができるかである。そのために，上記に挙げた施策等だけではなく，日々のやり取りの中でカリキュラム・マネジメントの大切さや面白さを伝えていきたい。

〈村上 直也〉

カリキュラム・マネジメントの視点

各学校現場のカリキュラム・マネジメント推進に寄与する県教育委員会の教育行政施策に関わって，コンテンツ作りの一環として取り組まれた「特別支援教育教育課程指導資料」の作成と広報や，それらを活用した研修プログラム作りは，学習内及び学習活動の実際化や専門性の担保の観点からも効果的に機能していた。自治体レベルで「教育課程を語る文化」の醸成のために教育課程研究協議会等を展開している点も特徴的である。

カリキュラム・マネジメント促進に向けた参考資料

第Ⅳ章

知的障害教育におけるカリキュラム・マネジメント

1 カリキュラム・マネジメント促進フレームワーク

　本書の第Ⅱ章では，知的障害教育におけるカリキュラム・マネジメントの独自性について触れた上で，国立特別支援教育総合研究所の研究成果をもとに，カリキュラム・マネジメントを促進させる八つの要因について解説した。

　また，カリキュラム・マネジメント促進フレームワークの開発過程については，中央教育審議会における審議の経過や平成28年12月21日に出された同審議会の答申である「幼稚園，小学校，中学校，高等学校及び特別支援学校の学習指導要領等の改善及び必要な方策等について（中教審第197号）」の内容を踏まえながら，学習指導要領を構成する六つの柱とカリキュラム・マネジメントを促進させる八つの要因を掛け合わせることで基本的な枠組みを創り上げたことについて言及した。

　さらに，カリキュラム・マネジメント促進フレームワークの活用に当たっては，児童生徒一人一人に，育成を目指す資質・能力が確実に身に付けられるようにするためのものであることや，特色ある学校づくりを推進する上での，現状分析や課題の整理・検討を行うためのものであること，社会に開かれた教育課程を具現化する際のアイディアの構想等に利用するためものであることを示した。これらの機能するところとして，学校経営方針や意図の明確化と具体化，カリキュラムの評価についての着眼点の提示といったことも挙げられよう。

　さて，同章3節では，カリキュラム・マネジメントを促進する枠組みの活用に向けて，部分的に項目を切り取って解説を試みたが，今一度，全体像を俯瞰できるような資料（具体例）の提供が求められるところであると考え，次ページに国立特別支援教育総合研究所（2017）を参考にしながら，若干の改変を加えた参考資料を掲載した。特にこの枠組みに即して検討する際は，学習指導要領を構成する六つの柱に対応する「重点事項」を位置付けたり，「特徴的事項」を設定したりすることが考えやすさのポイントとなるので付け加えておきたい。

　また，これらの内容を考える際には，発散的な思考や収束的な思考といった技法等も重要になることから，本章の2節には「カリキュラム・マネジメントツール」と題して，アイディアの検討方法や教育活動に係る諸業務の確認方法・整理方法等の情報を掲載している。これに加えて，3節，4節では，教育課程のことについて考えたり，語り合ったりする学校文化や教育文化を醸成するため，「校内外における研修等の充実」に向けた資料や「授業研究の工夫」に資する情報を掲載している。

　読者の皆様方の今後の取組において，参考に資することとなれば幸いである。

表1 知的障害教育におけるカリキュラム・マネジメント促進フレームワーク【参考例】

項目 / 重点事項	要所解説	①「何ができるようになるか」（育成を目指す資質・能力）	②「何を学ぶか」（教科等を学ぶ意義と、教科等横断的な視点から教育課程の編成を踏まえた教育課程の編成）	③「どのように学ぶか」（各教科等の指導計画の作成と実施、学習・指導の改善・充実）	④「子供一人一人の発達をどのように支援するか」（子供の発達を踏まえた指導）	⑤「何が身に付いたか」（学習評価の充実）	⑥「実施するために何が必要か」（学習指導要領等の理念を実現するために必要な方策）
ビジョン(作)（コンセプト）(作)	どのような目標があるもとに、どのような資質や能力をもった児童や生徒の育成を行おうかを明確にすること	学校経営計画 / 学校経営方針の明示、育てたい児童生徒像を念頭に置いた学校経営方針の明示	学校全体の教育課程計画 / 育てたい児童生徒像に即した指導方針の設定、指導の心得の明示	授業改善計画 / 「育てたい児童生徒像」に即する指導方針の設定、指導の心得の明示	個別の指導計画 / 育てたい児童生徒像に即した指導計画作成、活用計画の策定	個別の教育支援計画 / 個別の教育支援計画を教育課程編成の基礎に組み込んだ活用方針の明示	学習評価計画 / 学習評価方針の教育課程編成への活用方針の明示	研究 / 研究基本計画の作成（目的・仮説・方法等）、研究成果指導の設定	研修 / 年間研修計画の作成、研修の意図や重点課題の設定
スケジュール(作)	「いつ」の時期に目標やタスクや参加者の検討を行うのかを明確にすること	学校経営方針に応じた成長時期に基づく〈学校評価・学校行事の実施〉スケジュール検討	年間検討会議スケジュールの設定	授業公開月日の設定、授業交流週間の設定	学年会での検討スケジュールの明示、個別ケース会議週間の設定	年間指導計画更新スケジュールの明示と関係者による指導ケースの検討会議項目の設定	学習評価検討及び確認時期の設定	年間研究スケジュールの作成、研究助言者来校スケジュール調整	年間研修スケジュールの作成、研修講師日程調整
場(作)	「どこに」取り組む場や検討を行う場を明確にすること	校内分掌 / 各種委員会 / 学部会等	学校運営協議会内に学校活性化プロジェクト会議を設置	教育課程委員会 / 研究推進委員会 / 校内研究会 / 教科会	授業担当者会での検討、教科会での年間指導計画と授業研究会部会からの検討	関係者による拡大ケース会設定	学部会 / 学年評価会 / 学科会	学部別研究、コース別研究、全校縦割り研究	研修企画立案会議
体制(組織)(作)	誰がどのように取り組み、検討を行うかの参加者や協力者を明確にすること	分掌主任、各種委員会委員長、学部長などリーダーとして、必要な人員を配置	管理職層、教務主任、学部主任、学年主任、教科主任による合同組織	管理職層、教務主任、研究主任、学部主任により授業改善サポートチーム編成、指導主事による学校訪問、授業参観助言	個別ケース会議における保護者・本人・学級担任・学年主任、スクールソーシャルワーカー参加調整、医療関係者・労福関係者参加調整	保護者・本人・福祉機関・医療関係者等の職員参加	授業担当者や学年主任、教務主任が学習評価検討会議に参加	研究部長リーダーとした学年主任や若手教員の登用、各学部の研究担当者を教務主任を中心とした研究推進グループの結成	管理職層や研究部長・教務担当者の合同研修による企画設計
関係(作)	結びつきにくい出会いや組織、関係、項目を発見し、新たな関係や学びや視点の気付きに関すること	地域住民・企業への説明による理解促進、マスメディアへの情報提供	学校運営協議会運営マニュアルの作成、改訂版キャリア発達観点の導入、学びに向かう力育成図	複線的・横断的な視点への確認、教科等の関連性の確認、学部間の系統性の整理	家庭生活上の課題に関する理解の共有化と問題行動などへの同じ対応に関する共通意見交換	支援目標の共通理解と各関係機関の支援内容・方法に関する建設的意見交換	回答システムによる複数の指導者のチェックを行う	文献調査を踏まえた先行研究の成果と課題、建設的相互批判による仮説の検証	OJTによる教師の学びあいや学校文化の醸成、教育課程改善に関する語りあう雰囲気作り
コンテンツ(作)	結果に直接結びつけ出すための所属、学部の特徴的な内容を設定すること	学校教育目標・学部目標・学年の重点の設定	学校教育目標や育てたい児童生徒像・学部目標・学年の重点に応じた教科等の指導内容の設定	学習環境づくりに関する建設的意見交換、授業研究、授業公開、単元間の接続性・連続性の検討	主体的・対話的で深い学びの視点に基づく学習改善のポイントのキーワード整理	単元の目標に基づく単元ごとの題材の主たるルーブリック表の作成	研究改善マップの作成、授業改善ガイドブックの作成	研修シラバスの作成、研修資料集の編集
ルール(作)	「どのように」に関する実施や考察をスムーズに行うためのルールを作成すること	年間の自己評価、教員評価、学校評価第三者評価において検討し、全校教育委員会評価への活用	学校経営評価、地方版次期カリキュラム発表会等による評価委員会での検討	学習環境チェックリストの活用、一人一回目の授業公開における授業コンセプトのポスター化	「個別の情報収集シート」を活用した情報収集・集約、障害特性情報収集のオーナー化	学習状況チェックリストの活用、学部の共通学習評価シートの記入	全学部共通の研究発表会プロジェクトの使用、授業プロットの共通化とタイムサンプリングによる集中評価	研修の成果と課題の振り返りのレポート作成
プログラム(作)	より具体的な成果や検討の機会の徹底に関すること	校内研究委員会、地域連携協議会プログラムの検討と作成	指導目標、指導内容、指導方法、教材と教具の洗い出し、生活単元に即した学習配列の再検討	アクティブ・ラーニングに関する学部研修の実施、授業改善検討プログラム概要の作成	児童生徒会全員の目標達成度の集計、教科毎の指導項目の達成と成長状況の分析	学科・コース別評価結果、観点別到達度状況の分析	全校アンケートの結果分析、授業放映会の実施と放映後検討会の実施	段階的なスキルアップのための研修プログラム作り、研修企画運営の実施

第IV章 カリキュラム・マネジメント促進に向けた参考資料

2 カリキュラム・マネジメントツール

　教育課程の編成・実施・評価・改善のPDCAサイクルにおいては，教職員一人一人の積極的な参加により，現状と課題の分析，様々なアイディアの創造，組織としての価値判断等が必要となる。これらの各シーンにおいては，多様な視点に基づくことや，発想を豊かにすること，より客観的な基準に基づくことなども要求される。

　そのような際には，よりよい改善を目指す未来志向の考え方により，創造的に諸問題を解決していくための発散型のアイディア創出方法や収束型の情報整理・集約方法等を活用することで組織としてのよりよい方向性を導き出すことが可能となる。

　以下に示す例は，学校におけるカリキュラム・マネジメントを実施する際に参考となる思考の枠組みや手法である。各学校の実態に応じながら，会議の場や研究協議等の場において，これらのカリキュラム・マネジメントツールを活用し，対話的かつイノベーティブに学校教育の質の改善に取り組んでいただければ幸いである。

(1) ブレインライティング法

　この方法は，1960年代に当時の西ドイツで開発された発想法とされている。会議や協議に参加する人を6人ごとのグループで編成し，各人が三つのアイディアを5分以内で考え出すことにより，メンバー相互でアイディアを発展させたり，関連性付けを行ったり，まったく別の視点からアイディアを考えたりすることができる手法である。6・3・5法とも呼ばれているようである。

　表のようなシートに6人それぞれがアイディアを記入し，5分おきに順番に回していくことをイメージしていただけると30分間で最大108のアイディアが創出されることが理解できるであろう。これらのグループの人数に満たなくとも，また，テーマによっては時間を短縮したり，延長したりするなどして，状況に応じてアレンジを加えながら，協議を進めることも考えられる。

　具体的な活用方法については，学習指導要領の改訂の6本柱に即して，以下の取組なども考えられよう。

氏名	アイディア①	アイディア②	アイディア③
1			
2			
3			
4			
5			
6			

テーマ:「　　　　　」

図1　ブレインライティング用シート

① 「何ができるようになるか」を発想するために

　例えば，各学部や学級において，児童生徒にどのような「育成を目指す資質・能力」が身に付けばよいと考えるのかを考え出すこと。

② 「何を学ぶか」を発想するために

　例えば，単元・題材において，意義のある学びとなるための中心となる「問い」を考え出すことや，単元・題材の中の一次・二次等における「中心テーマ」を考え出すこと。

③ 「どのように学ぶか」を発想するために

　例えば，児童生徒が主体的・対話的で深い学びを実現するために必要となる「学習環境の設定の在り方」や「教材・教具の工夫」について考え出すこと。

④ 「子供一人一人の発達をどのように支援するか」について

　例えば，個別の教育支援計画や個別の指導計画をよりよく「活用」するための具体的な方法について考え出すこと。

⑤ 「どのような力が身に付いたか」について

　例えば，単元・題材における学習集団全体の「知識・技能」「思考力・表現力・判断力等」「学びに向かう力・人間性等」について，概ね満足と思われる学習後の状態像に関する評価規準を作成したり，ルーブリック表を作成したりすること。

⑥ 「実施するために何が必要か」について

　例えば，学校教育目標の達成や学校経営上の諸課題を解決するために，学校組織として取り組むべき研究課題やテーマについて考え出すこと。

（2）チェックリスト法

　ある物事を遂行するときに抜け落ちたり，漏れたりしていないかを多面的に確認するために，遂行の手順や完成の状態等を確認する目的で一覧表を作成し，これらの視点に基づいて点検したり，検討したりする方法である。

　例えば，児童生徒のための「身だしなみチェックリスト」や「教室環境の安全管理チェックリスト」「授業改善の視点による授業の質の向上のためのチェックリスト」など，学校現場における工夫では，これら以外にも様々なものが作成され，活用されている。

　例示した表は学習指導や学習環境を質的に向上させるための工夫として活用しているチェックリストである。基準尺度を設けて数値で評価する以外にも，気付きやアドバイスを記入する欄を設けたり，チェック項目について，既定の項目以外にも独自の観点により項目設定を行ってもよい欄を設けたりするなど，活用の幅を広げる工夫も検討されている。

　また，点検や確認といった意味以外でも，発想（アイディア）をより豊かにするための視点として，チェック項目を掲げ，これらの視点のもとに，例えば学校運営等に関わる取組のアイディアを検討することも考えられる。

　特に有名なものとしてオズボーンのチェックリストを掲載した。この視点をもとに，具体例では学校における働き方改革を視野に入れた「校務分掌組織や機能の見直し」のポイントについて記述している。

校務分掌の見直しのみならず，作業製品の開発や教材づくりと活用の視点としても有用であると考えられる。学校運営の様々なシーンで役に立てていただきたい。

表2　チェックリスト表の具体例

学習指導・学習環境の質的向上に関わるチェックリスト

参観教室・学習活動等（　　　　　　　　　　）参観者（　　　　　　　　）

項目番号	チェック項目	評価	気付き・アドバイス
1	児童生徒の主体的行動を生み出す活動動線が整えられているか。（学習空間，机，ロッカー等の配置の工夫）		
2	効率的で可変的な空間利用ができるよう配慮されているか。（フレキシブルな学習の場の設定。）		
3	児童生徒個々の理解力に応じた情報提示が行われているか。（スケジュール，学習の見通しに関わる情報提示）		
4	教材や板書等の文字の大きさは適当か。		
5	学齢や季節等に配慮した掲示物が安全に掲示されているか。（学習活動の広報，学習意欲の喚起，学習の振り返り）		
6	児童生徒個々の課題に応じた教材が準備されているか。（学習活動の明示，課題への従事）		
7	座席の配置（身長・座高等の配慮），座面の高さ（机と椅子のバランス）等の配慮がなされているか。		
8	言葉掛け（指示・説明・発問・注意等）の内容・量・声の大きさ等，全体への配慮と個別の配慮がなされているか。		
9	指導者や児童生徒にとって学習活動の意味理解ができているか。		
10	AAC・AT・その他の学習教材，福祉機器等が適切に使用されているか。		
独自項目			
独自項目			

<評価の基準>
6…十分にできている　5…できている　4…どちらかと言えばできている　3…どちらかと言えばできていない　2…できていない　1…非常にできていない（早急な改善が必要）

表3　オズボーンチェックリストの活用に関する具体例

オズホーンのチェックリスト	校務分掌組織や機能の見直し（例）
1 転用(Put to other uses)	現在の組織機能をもとに，他の業務（用途）や機能へと転ずることはできないか。
2 応用(Adapt)	他からのアイディアを得たり，似たような機能を手掛かりにして，課題に応じた組織化や機能化が図れないか。
3 変更(Modify)	組織機能の部分的な業務や仕組み等を一部変更することはできないか。
4 拡大(Magnify)	特定の組織や業務の目的，内容，方法，対象，組織規模，時間，予算等を拡大することはできないか。
5 縮小(Minify)	特定の組織や業務の目的，内容，方法，対象，組織規模，時間，予算等を縮小することはできないか。
6 代用(Substitute)	校務分掌組織や機能等の一部（業務内容，人員等）を他のもので代用できないか。
7 再編成(Rearrange)	校務分掌組織や機能等の一部（スケジュール，予算等）を組み換えたり，入れ替えたりできないか。
8 逆転(Reverse)	校務分掌の役割や機能，個人が担う役割や機能等を逆転してみてはどうか。
9 結合(Combine)	校務分掌組織や業務の目的，内容，方法，人員，予算，時間等を結合することはできないか。

(3) マトリックス法

　二つの軸を掛け合わせることによってマトリックス表を作成し，各セル（一つ一つの枠内）にどのような項目や要素等が入るのかを分析したり，検討したりする方法である。
　「カリキュラム・マネジメント促進フレームワーク」も，基本的にはこの手法に基づいている。この場合，二つの軸とは，「カリキュラム・マネジメントを促進する要因」（八つ）の軸と「学習指導要領を構成する考え方の枠組」（6本）の軸のこととなり，これらを掛

表4　年間スケジュール表

年間スケジュール表

週数	メインスケジュール（主な学校行事）	日	月	火	水	木	金	土	Daily	Weekly	Monthly	Quarterly	Termly	Annually Yearly	Topically Timely
1週	職員会議・職員研修	4月1日	4月2日	4月3日	4月4日	4月5日	4月6日	4月7日							
2週	着任式・始業式・入学式	4月8日	4月9日	4月10日	4月11日	4月12日	4月13日	4月14日							
3週	教育課程説明会	4月15日	4月16日	4月17日	4月18日	4月19日	4月20日	4月21日							
4週	家庭訪問週間	4月22日	4月23日	4月24日	4月25日	4月26日	4月27日	4月28日							
5週	授業参観	4月29日	4月30日	5月1日	5月2日	5月3日	5月4日	5月5日							
6週	個別の指導計画修正期間	5月6日	5月7日	5月8日	5月9日	5月10日	5月11日	5月12日							
7週	PTA総会	5月13日	5月14日	5月15日	5月16日	5月17日	5月18日	5月19日							
8週	個別の指導計画配布	5月20日	5月21日	5月22日	5月23日	5月24日	5月25日	5月26日							
9週	小学部修学旅行	5月27日	5月28日	5月29日	5月30日	5月31日	6月1日	6月2日							
10週	進路学習会	6月3日	6月4日	6月5日	6月6日	6月7日	6月8日	6月9日							
11週	中学部修学旅行	6月10日	6月11日	6月12日	6月13日	6月14日	6月15日	6月16日							
12週	水泳学習開始	6月17日	6月18日	6月19日	6月20日	6月21日	6月22日	6月23日							
13週	授業参観	6月24日	6月25日	6月26日	6月27日	6月28日	6月29日	6月30日							
14週	高等部修学旅行	7月1日	7月2日	7月3日	7月4日	7月5日	7月6日	7月7日							
15週	個別懇談会	7月8日	7月9日	7月10日	7月11日	7月12日	7月13日	7月14日							
16週	短縮授業	7月15日	7月16日	7月17日	7月18日	7月19日	7月20日	7月21日							
17週	夏季休業開始	7月22日	7月23日	7月24日	7月25日	7月26日	7月27日	7月28日							
18週	夏季研修会	7月29日	7月30日	7月31日	8月1日	8月2日	8月3日	8月4日							
19週	夏季登校日	8月5日	8月6日	8月7日	8月8日	8月9日	8月10日	8月11日							
20週	学校閉鎖	8月12日	8月13日	8月14日	8月15日	8月16日	8月17日	8月18日							
21週	進路先開拓	8月19日	8月20日	8月21日	8月22日	8月23日	8月24日	8月25日							
22週	夏季休業終了	8月26日	8月27日	8月28日	8月29日	8月30日	8月31日	9月1日							
23週	学校評価1回目	9月2日	9月3日	9月4日	9月5日	9月6日	9月7日	9月8日							
24週	水泳学習終了	9月9日	9月10日	9月11日	9月12日	9月13日	9月14日	9月15日							
25週	授業参観	9月16日	9月17日	9月18日	9月19日	9月20日	9月21日	9月22日							
26週	交通安全教室	9月23日	9月24日	9月25日	9月26日	9月27日	9月28日	9月29日							
27週	高等部3年進路懇談会	9月30日	10月1日	10月2日	10月3日	10月4日	10月5日	10月6日							
28週	体育祭・運動会	10月7日	10月8日	10月9日	10月10日	10月11日	10月12日	10月13日							
29週	PTA地域交流会	10月14日	10月15日	10月16日	10月17日	10月18日	10月19日	10月20日							
30週	学校間交流1回目	10月21日	10月22日	10月23日	10月24日	10月25日	10月26日	10月27日							
31週	地域防災訓練	10月28日	10月29日	10月30日	10月31日	11月1日	11月2日	11月3日							
32週	授業参観	11月4日	11月5日	11月6日	11月7日	11月8日	11月9日	11月10日							
33週	遠足・宿泊学習	11月11日	11月12日	11月13日	11月14日	11月15日	11月16日	11月17日							
34週	文化祭	11月18日	11月19日	11月20日	11月21日	11月22日	11月23日	11月24日							
35週	特別支援学校美術展	11月25日	11月26日	11月27日	11月28日	11月29日	11月30日	12月1日							
36週	個別懇談会	12月2日	12月3日	12月4日	12月5日	12月6日	12月7日	12月8日							
37週	個別の指導計画修正期間	12月9日	12月10日	12月11日	12月12日	12月13日	12月14日	12月15日							
38週	全校集会	12月16日	12月17日	12月18日	12月19日	12月20日	12月21日	12月22日							
39週	冬季休業開始	12月23日	12月24日	12月25日	12月26日	12月27日	12月28日	12月29日							
40週	始業準備	12月30日	12月31日	1月1日	1月2日	1月3日	1月4日	1月5日							
41週	冬期休業終了	1月6日	1月7日	1月8日	1月9日	1月10日	1月11日	1月12日							
42週	避難訓練（地震）	1月13日	1月14日	1月15日	1月16日	1月17日	1月18日	1月19日							
43週	音楽鑑賞会	1月20日	1月21日	1月22日	1月23日	1月24日	1月25日	1月26日							
44週	寒中マラソン大会	1月27日	1月28日	1月29日	1月30日	1月31日	2月1日	2月2日							
45週	学校間交流2回目	2月3日	2月4日	2月5日	2月6日	2月7日	2月8日	2月9日							
46週	学校評価2回目	2月10日	2月11日	2月12日	2月13日	2月14日	2月15日	2月16日							
47週	高等部2年進路懇談会	2月17日	2月18日	2月19日	2月20日	2月21日	2月22日	2月23日							
48週	学年末懇談会	2月24日	2月25日	2月26日	2月27日	2月28日	3月1日	3月2日							
49週	高等部3年卒業式	3月3日	3月4日	3月5日	3月6日	3月7日	3月8日	3月9日							
50週	小学部6年・中学部3年卒業式	3月10日	3月11日	3月12日	3月13日	3月14日	3月15日	3月16日							
51週	修了式	3月17日	3月18日	3月19日	3月20日	3月21日	3月22日	3月23日							
52週	個別の指導計画修正期間	3月24日	3月25日	3月26日	3月27日	3月28日	3月29日	3月30日							
53週	年度末諸帳簿整理	3月31日	4月1日	4月2日	4月3日	4月4日	4月5日	4月6日							

け合わせることでアイディアの創出を促している。

また，この他にも「知的障害のある児童生徒のキャリアプランニングマトリックス（試案）」（国立特別支援教育総合研究所，2010）も「学部段階」の軸と「能力領域」の軸とを掛け合わせることで作成されている。

さて，例示しているのは，学校教職員の年間業務遂行のためのマトリックス表である。一年間（約52週）の業務等の内容について，「各週」の軸と教職員が担う「各種の業務のスパン」の軸とを掛け合わせることで，年間の業務の見通しをもち，確実な進行管理や円滑な業務遂行を念頭に置いた構成としている。とりわけ，学校教職員の業務は，多様な業務を同時並行的に進めていくことが必要なため，これらの業務の全体像を掌握しておくことは重要であり，そのことによって心理的なゆとりをもつことや業務内容の精選等につなげていくことなどができると考えられる。なお，業務スパンは「Daily, Weekly, Monthly, Quarterly, Termly, Annually・Yearly, Topically, Timely」としている。学校の業務には，毎日実施するもの（Daily），週ごとに実施するもの（Weekly），月ごとに実施するもの（Monthly），四半期ごとに実施するもの（Quarterly），学期ごとに実施するもの（Termly），年単位で実施するもの（Annually・Yearly），その他，トピックス的に対応したり（Topically），適時に対応したりするもの（Timely）がある。これらの具体の項目を記しておくことで，チェックリストとしての機能を果たすことも考えられる。

(4)　PERT（Program Evaluation & Review Technique）法

PERT法は，計画の評価と見直しに係る技法で，遂行しようとするプログラムやプロジェクトに必要な関連する部門の課題や業務を効果的に実行するための手法である。

元来は，一連の課題や業務の実施に必要な時間を分析し，プログラムやプロジェクトの全体計画を遂行するのにかかる時間や日程の特定を行う管理のための手法である。その後，様々なプロジェクトの実施において採用される中で，日程の管理以外にも，人的資源，物的資源，予算，情報の流れ等の管理にも発展してきているようである。

　例示したのは，この考え方をもとにアレンジし，「研究発表会の実施」に向けて，どのように学校の研究活動を推進していくのか，一連の流れを単純化した図式である。

　もちろん，より詳細に各部門の業務や課題を設定することもできよう。教育課程のPDCAサイクルに関しても，各学部の動きや校務分掌の動きとも連動させて，図式を描くことが考えられる。

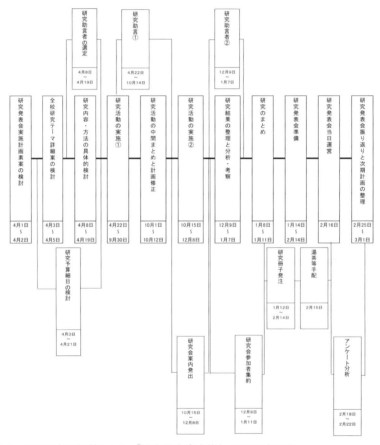

図2　PERT法を参考とした「研究発表会実施」までの流れ図

(5) Ph.P手法[1]

　本手法は，故岡本薫氏により提唱されたマネジメント手法である。PDSサイクルを基盤としているが，特に計画に当たる「P」の重要性について言及している。すなわちPDCAサイクルのPの段階で，その妥当性がなければ，PDCAサイクルは回転しても，期待できる成果を得られることはない。計画段階でいかに妥当性のある計画を立案していくのかが特に重要である。そのために，Ph.P手法は，「P」の段階を五つのPhaseに分け

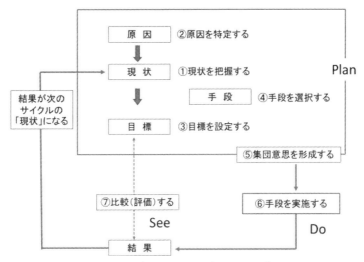

図3 Ph.P手法によるマネジメントのプロセス

ている。

　Ph.P手法によるマネジメントの過程を図に示した。

　　ステップ① Planの段階 Phase1：まず「現状」を把握すること
　　ステップ② Planの段階 Phase2：その「原因」を特定すること
　　ステップ③ Planの段階 Phase3：達成すべき「目標」を設定すること
　　ステップ④ Planの段階 Phase4：「手段」を選択すること
　　ステップ⑤ Planの段階 Phase5：「集団意思」を形成すること
　　ステップ⑥ Doの段階　Planの段階で決定した「実施」を確保すること
　　ステップ⑦ Seeの段階　「結果」と「目標」を比較する

　このことを教育課程の編成に当たって考えてみたい。

　　ステップ① Planの段階 Phase1：教育課程の実施状況を把握すること
　　　　　　（ex. 単元の目標達成が十分に達成できていない）
　　ステップ② Planの段階 Phase2：その「原因」を特定すること
　　　　　　（ex. 当該教科の年間授業時数の配当が不足している）
　　ステップ③ Planの段階 Phase3：達成すべき「目標」を設定すること
　　　　　　（ex. 単元の目標を達成するようにすること）
　　ステップ④ Planの段階 Phase4：「手段」を選択すること
　　　　　　（ex. 当該教科の授業時数配当を増やすこと）
　　ステップ⑤ Planの段階 Phase5：「集団意思」を形成すること
　　　　　　（ex. 学年会を経て，学校全体の教務部会に諮る）

ステップ⑥ Do の段階：当該教科の授業時数を増やすことにより，当該単元の時数を
　　　　　　　　　　増加して実施
　　　ステップ⑦ See の段階：単元の目標に達成する児童の増加

　以上のように考えることができる。もし，ステップ⑦の段階での「結果」，ステップ③ Phase3 の「目標」とを比較した際に，目標に達していないとの現状があれば，さらに，ステップ①の Phase1 の現状の把握に返り，その原因を特定することになる。

　この手法は，現状から目標の設定，目標達成のための手段の確定，手段を実行した結果と目標の比較という原理に基づいており，様々なプランニングの段階で活用できる手法である。

1）岡本薫『Ph.P 手法によるマネジメントプロセス分析』商事法務，2010年
〔参考・引用文献等〕
・文部科学省「イノベーション対話ツールワークショップデザイン可視化カード」2014年
　http://www.mext.go.jp/component/a_menu/science/detail/__icsFiles/afieldfile/2014/06/06/1347910_18.pdf（アクセス日2018年3月30日）
・日本創造学会ホームページ　http://www.japancreativity.jp/index.html（アクセス日2018年3月30日）
・岡本薫『Ph.P 手法によるマネジメントプロセス分析』商事法務，2010年

〈武富 博文，丹野 哲也〉

3 校内外における研修等の充実のために

　カリキュラム・マネジメントは，端的に「教育課程に基づき組織的かつ計画的に各学校の教育活動の質の向上を図っていくこと」であると新しい学習指導要領に示されている。各学校の教育活動には，全ての教職員が関わっていることから，カリキュラム・マネジメントの促進には，全教職員の理解と取組が不可欠である。

　カリキュラム・マネジメントの促進に向け，校内外における研修等の充実を図る参考資料として，特別支援学校を想定した研修や協議の例を紹介する。各学校や各都道府県等での取組及び小・中学校等での取組の参考にしていただきたい。

(1) 学校教育目標と学部目標，教育課程の関連の理解

　学校教育目標は学校経営計画等の初めに示され，その設定は教育課程編成の基本的要素の一つになっている。また，ほとんどの特別支援学校では複数の学部を設置し，各部の目標が設定されており，学校教育目標との関連は重要と言える。学部目標の重要性や教育課程編成との関連については，以下の中央教育審議会「幼稚園，小学校，中学校，高等学校及び特別支援学校の学習指導要領等の改善及び必要な方策等について（答申）」（平成28年12月21日）（以下，「答申」）に示されている。

第2部　第1章　各学校段階の教育課程の基本的な枠組み　5　特別支援学校

> ⑥ カリキュラム・マネジメントの考え方
> ○ 「社会に開かれた教育課程」の観点から，子供たちが卒業後に社会で生活する姿を描き，それぞれの学校において，各部段階を通じてどのような子供たちを育てようとするのか，そのためにはどのような教育を行うことが適当か等の基本的な考え方を明確にした上で教育課程編成に必要な考え方を示すことが必要である。

　新しい学習指導要領では，「社会に開かれた教育課程」が理念として示されたが，理念実現の前提となる各校教職員の学校教育目標や学部目標の理解，教育課程との関連の理解はいかがであろうか。学習指導要領改訂期の今こそ，理解を図る絶好の機会と言える。

　以下，演習・協議の例として，中堅教諭等資質向上研修を想定した内容を示す。中堅教諭の役割は大きく，教育公務員特例法には「（前略）その教育活動その他の学校運営の円滑かつ効果的な実施において中核的な役割を果たすことが期待される」と示されている。中堅教諭にとっては，以下の演習・協議例を通じて，他校の学校教育目標等との比較や，他の中堅教諭の質問・意見から，自校の学校教育目標等への認識を高めることができると考える。また，演習・協議前に，特別支援学校の教育課程に関する講義を併せて実施することで，教育課程の確かな理解に基づき，演習・協議を深めることができるであろう。

■中堅教諭等資質向上研修での演習・協議例

1　テーマ「学校要覧から自校の教育目標や教育課程等を振り返る」
2　準備物　学校要覧，演習・協議用紙
3　振り返る視点例
　・学校教育目標と育成を目指す資質・能力の三つの柱との関連
　・学校教育目標と学部目標の関連・具体化，学部目標間の関連・発展性
　・学校教育目標及び学部目標と教育課程の関連（年度の重点を含む）
　・自校の特徴や課題
4　内容（60分）
⑴　演習・協議の目的及び進め方の説明（5分）
⑵　演習・協議（50分）
　①　学校要覧を読んで，次のことを確認する。
　　・学校設立時の子供たちへの願い（校名，校章，校歌，沿革等）
　　・学校教育目標（目指す児童生徒像，基本方針を含む）
　　・学部目標
　　・年度の重点（学校，学部）
　　・教育課程（編成方針，指導の形態，週時数等）
　②　特徴や課題など気付いたことを演習・協議用紙に書く。

>   ③ 気付いたことを班で紹介し合う。
>   ④ 気付いたことを全体で発表する。
>   ⑤ 今後自校で伝え，生かすことをまとめる。
> (3) 演習・協議のまとめ（5分）

　上記の演習・協議例は，校内での研修等にも生かすことができる。校内で活用する際には，学校教育目標と学部目標，教育課程の関連を実感できるように，特色ある教育活動を事例として取り上げたり，実際の活動機会と併せて行ったりするとよいのではないだろうか。特色ある教育活動は，教職員にとっても学びを実感できる有用な教材になり得るだろう。また，一つの教育活動をきっかけに学校教育目標と学部目標，教育課程の関連を理解できることで，他の教育活動も併せて考えやすくなり，理解の深まりにつながると考える。

　なお，学校教育目標と学部目標，教育課程の関連を実感した教職員が，学校教育目標等を自分の言葉で社会の方々に語れるようになることは，「社会に開かれた教育課程」を実現する上で必要であると考える。

（2） 教育課程の改善に向けた校内での取組

　次に，(1)で述べた「学校教育目標と学部目標，教育課程の関連の理解」を基に，教育課程の改善に向けて取り組むことが必要になる。例えば，各部で教育課程の評価をする際に，学部目標や年度の重点等を踏まえているだろうか。教育活動や授業時数，週時程の評価にとどまってはいないだろうか。また，教育課程検討委員会など学部等を横断する組織においては，横断的な視点での検討がなされているのだろうか。

　教育課程の改善に向けては，教育課程に関わる学部会や教育課程検討委員会など各組織での検討はもちろんのこと，組織間の有機的なつながりが必要と考える。また，部主事や各分掌部の主事・主任，中堅教諭など各組織の中核となる教員が，教育課程の基本を理解し，各組織において役割を果たすことも重要になる。

　ここでは，小・中学部，高等部を設置する特別支援学校（知的障害）において，学部会と教育課程検討委員会を組織している場合を想定してみる。

■学部会（8月上旬の中学部会でのこと）

> 中学部主事：1学期の学習を振り返って気になることはありませんか。
> A教諭　　：私が担当する作業学習の陶芸班のことです。黙々とたくさん作るのは大事だと思うんですが，特に1年生は作業学習を始めたばかりです。もっと，「作るのが楽しい」という表情や姿が見られるといいなと思っています。
> B教諭　　：黙々と取り組むのは将来のために大事ですよ。
> C教諭　　：教師から言われたとおりに黙々というよりも，自分から夢中になって取り組み，「やったー，できた」と思えるといいんですかね。

| 中学部主事 | ：そうですね。中学部の今年度の重点に，「活動の達成感を感じられる実践を行う」とありますしね。 |

　学部目標や年度の重点の振り返りから始めるよりも，上記のように，日常の教育活動から気付いた成果や課題，疑問等を語り合う中で，学部目標や年度の重点に照らしてみることが，学部目標や年度の重点を意識したり，教育活動の意味や価値を実感したりすることにつながるのではないだろうか。

　中学部主事が上記の話を高等部主事に伝えると，「本校は作業学習に力を入れているし，学部を超えて話すのは大事ですね。今度の教育課程検討委員会で話題にしてみますか」と高等部主事から話があった。

■教育課程検討委員会（8月中旬の教育課程検討委員会でのこと）

高等部主事	：この間，中学部主事から学部会で作業学習が話題になったと聞いたんです。そして2人で作業学習について話し，「学部段階にふさわしい学習が大事だよね」と確認したところです。
進路指導主事	：キャリア発達の視点からも大事ですよ。
生徒指導主事	：自己肯定感の視点からも大事ですね。中学部と高等部は，年度の重点のキーワードに「自己肯定感」とありますし。
高等部主事	：この機会に，中学部と高等部で作業学習の研修会を行い，全体で基本的なことを確認したり，同じ作業学習班がある場合は，一緒に教材研究したりしようかと考えています。学部間で指導者を交換し，授業をしてみることで，他学部の生徒の実態を知り，他学部の目標を理解することができるのではないかとも2人で話しました。
小学部主事	：小学部高学年でも，生活単元学習で作る活動を行っているので，一緒に教材研究をお願いします。また，6年生は毎年，中学部の作業学習見学を行っていますが，単なる見学ではなく，普段の学習とつなげて見学できるような機会にし，中学部への期待感を高めたいですね。
中学部主事	：それはいいですね。中学部の生徒も先輩として分かりやすく説明できるような学習を進めたいと思います。生徒たちはきっと張り切るでしょうし，意欲が高まりますね。これは今年度の中学部の重点「活動の達成感を感じられる実践」につながりますよ。
情報教育部主任	：児童生徒同士がやりとりする場面を映像に残しておくと，本校の教育活動を社会の方々に理解していただく上で，とてもいい資料になりますね。計画的に撮影し，まとめたいと思いますので，部主事の皆さん，後ほど取りまとめに御協力をお願いします。

> 教頭　　　　　：学部間の接続は，これからますます大事になりますからね。今のような話は，週1回の主事会でも話題にしましょう。今は作業学習が話題になりましたが，他の指導の形態についてはいかがですか。

　上記のように，横断的な視点で協議をすることが，教育課程検討委員会など学部等を横断する組織の役割であり，部主事はもちろんのこと，横断的な組織である各分掌部の主事・主任の意識や取組が重要になる。また，学校教育目標や学部目標，年度の重点等に照らした協議を進める中で，課題解決に向けた具体的方策等を検討することも重要になる。

　上記のような協議を進めるためには，学校経営計画や学校要覧，学習指導要領等を通じて，学校教育目標と学部目標，教育課程の関連の理解，教育課程の基本的事柄の理解などが必要になるが，学校組織が機能し，改善につなげるためには，教職員が日常的に気軽に情報交換できる関係づくりが大切になるだろう。

〔文献・資料〕
・清水潤「『育成を目指す資質・能力』を踏まえた実践の充実に向けて」，『特別支援教育研究』2018年3月号
・秋田県立栗田支援学校「平成29年度学校要覧」

4 授業研究の工夫

　授業研究は多くの学校で行われているが，対象授業の1単位時間の検討にとどまっていることはないだろうか。教育課程の評価・改善につなげるためには，対象授業の単元・題材計画や年間指導計画の評価・改善はもちろんのこと，例えば生活単元学習を取り上げた場合，教育課程の理解として生活単元学習に関する基本的事柄や他の指導の形態との関連などの共通理解が必要であり，各部で取り上げる理由や学校教育目標及び学部目標等との関連を明確にしておくことも必要であろう。なお，答申に示された以下の事項も参考にしていただきたい。

> 第1部　第10章　実施するために何が必要か—学習指導要領等の理念を実現するために必要な方策—　2　学習指導要領等の実施に必要な諸条件の整備
> （教員の資質・能力の向上）
> ○　（前略）各学校における教員の学び合いを基調とする「授業研究」は，我が国において独自に発展した教員研修の仕組みであるが，近年「レッスン・スタディ」として国際的な広がりを見せている。
> ○　一方で，授業研究の対象が一回一回の授業における指導方法という狭い範囲にとどまりがちであり，単元や題材のまとまりを見通した指導の在り方や，教科等横断的な視点から内容や教材の改善を図っていく視点が弱いのではないかとの指摘もあ

○　（前略）教科等の枠を越えた校内の研修体制の一層の充実を図り，学校教育目標や育成を目指す資質・能力を踏まえ，「何のために」「どのような改善をしようとしているのか」を教員間で共有しながら，学校組織全体としての指導力の向上を図っていけるようにすることが重要である。

　カリキュラム・マネジメントの促進に向け，授業研究を工夫し，教育課程の改善につなげている参考資料として，小・中学部，高等部を設置する秋田県立能代支援学校（知的障害）の取組を紹介する。各学校や各都道府県等での取組及び小・中学校等での取組の参考にしていただきたい。

（1）　指導の形態ごとに共通理解が必要な事項の整理・活用

　能代支援学校では，各学部で指導の形態ごとに共通理解が必要な事項について，前年度末に「共有シート」として整理し，年間指導計画の作成などに活用している。「共有シート」は全ての指導の形態について作成され，以下の項目となっている。

　なお，「共有シート」は，授業研究の際に，協議の視点や手掛かりとして活用し，確認できることからも有効な資料と言える。

例　小学部　生活単元学習　共有シート

○小学部段階での目標（小学部の目標や重点，学習指導要領から）
　・小学部段階で「こうなってほしい」と目指す姿
○小学部の重点に沿って育てたい力及び指導内容
○その他
　・大切にしたい単元構想の観点
　・小学部で共通理解したい指導上の配慮事項（今年度の研究で得られた成果より）
　・次年度の単元構想予定

（2）　授業と教育課程のつながり

　能代支援学校では，授業改善と教育課程の改善が一体的に進むよう，(1)で示した「共有シート」も含め，「授業を中心とした教育課程編成の流れ」を図式化した（図4）。

　学校教育目標から学部目標，年間指導計画へのつながり，個別の支援計画や個別の指導計画との関連，学校評価の位置付けが，授業を中心に全体像として示され，授業者にとっても分かりやすい図式となっている。特に，②〜④については，学部ごとに丁寧に示していることから，授業者にとっては年間指導計画と学部目標のつながりを実感しやすい。能代支援学校では学部ごとに教育課程コーディネーターが指名され，学級担任及び授業者の一連の取組を支えている。また，校内では主に授業関係を研究主任（研究部），教育課程関係を教務主任（教務部）が担い，連携しながら進めている。

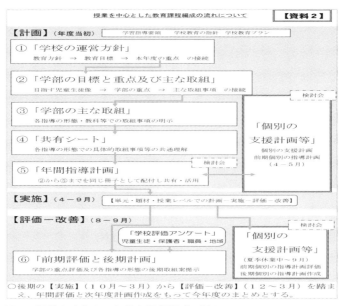

図4　授業を中心とした教育課程編成の流れについて

　今後は，育成を目指す資質・能力の三つの柱などに沿って，学校教育目標から授業目標まで貫かれているか改めて確認するとともに，必要な資質・能力が育つことを重要な視点として授業研究を進めていくことが必要であろう。

〔資料〕

・秋田県立能代支援学校「平成28年度文部科学省委託　特別支援教育に関する実践研究充実事業（特別支援教育に関する教育課程の編成等についての実践研究）研究報告書」

〈清水　潤〉

5 関係法規

〔特別支援学校小学部の教育課程〕

学校教育法施行規則

第126条　特別支援学校の小学部の教育課程は，国語，社会，算数，理科，生活，音楽，図画工作，家庭，体育及び外国語の各教科，特別の教科である道徳，外国語活動，総合的な学習の時間，特別活動並びに自立活動によつて編成するものとする。

　　2　前項の規定にかかわらず，知的障害者である児童を教育する場合は，生活，国語，算数，音楽，図画工作及び体育の各教科，特別の教科である道徳，特別活動並びに自立活動によつて教育課程を編成するものとする。ただし，必要がある場合には，外国語活動を加えて教育課程を編成することができる。

〔特別支援学校中学部の教育課程〕

学校教育法施行規則

第127条　特別支援学校の中学部の教育課程は，国語，社会，数学，理科，音楽，美術，保健体育，技術・家庭及び外国語の各教科，特別の教科である道徳，総合的な学習の時間，特別活動並びに自立活動によって編成するものとする。

　　2　前項の規定にかかわらず，知的障害者である生徒を教育する場合は，国語，社会，数学，理科，音楽，美術，保健体育及び職業・家庭の各教科，特別の教科である道徳，総合的な学習の時間，特別活動並びに自立活動によって教育課程を編成するものとする。ただし，必要がある場合には，外国語科を加えて教育課程を編成することができる。

〔特別支援学校高等部の教育課程〕

第128条　特別支援学校の高等部の教育課程は，別表第三及び別表第五に定める各教科に属する科目，総合的な学習の時間，特別活動並びに自立活動によつて編成するものとする。

　　2　前項の規定にかかわらず，知的障害者である生徒を教育する場合は，国語，社会，数学，理科，音楽，美術，保健体育，職業，家庭，外国語，情報，家政，農業，工業，流通・サービス及び福祉の各教科，第百二十九条に規定する特別支援学校高等部学習指導要領で定めるこれら以外の教科，道徳，総合的な学習の時間，特別活動並びに自立活動によつて教育課程を編成するものとする。

〔特別支援学校の教育課程〕

第130条　特別支援学校の小学部，中学部又は高等部においては，特に必要がある場合は，第126条から第128条までに規定する各教科（次項において「各教科」という。）又は別表第三及び別表第五に定める各教科に属する科目の全部又は一部について，合わせて授業を行うことができる。

　　2　特別支援学校の小学部，中学部又は高等部においては，知的障害者である児童若しくは生徒又は複数の種類の障害を併せ有する児童若しくは生徒を教育する場合において特に必要があるときは，各教科，道徳，外国語活動，特別活動及び自立活動の全部又は一部について，合わせて授業を行うことができる。

6 教育課程編成の手順の一例※

※文部科学省「特別支援学校教育要領・学習指導要領解説総則編（幼稚部・小学部・中学部）」（平成30年3月）を参考に作成

(1) **教育課程編成に対する学校の基本方針の明確化**

　○教育課程編成に対する学校の姿勢や教育課程編成の策定計画を明確にする

　○教育課程編成ための検討内容や策定までの工程及び中心となる分掌組織などを定める。

○教育課程編成までの工程を全教職員で共通理解を図る
(2)　**教育課程編成に向けて課題や改善すべき事項などについて事前の調査・研究**
　　○教育課程編成に関する国や教育委員会の基準の趣旨を理解し，共有する
　　○教育課程編成に関する学校の実態や環境的条件の把握
　　○前年度までの教育課程の課題等を整理する
　　○児童生徒の障害の状態や特性及び身心の発達の段階等の把握
　　○保護者や地域の方々の意向，児童生徒の状況等把握
(3)　**学校の教育目標及び学部の教育目標など教育課程編成の基本的事項を定める**
　　○学校教育の目的や目標に照らして，児童生徒の教育課題を整理し，明確にする
　　○学校の教育目標を定める
　　○学校の教育目標を達成することを目指し，各学部の教育課題を整理し，明確にする
　　○各学部の教育目標を定める
(4)　**教育課程を編成する**
　　○教育課程は学校の教育目標の実現を目指して，各教科等の教育の内容を選択し，組織し，それに必要な授業時数を定めて編成する
　　　ア　各教科等の教育の内容を選択する
　　　　・教育の内容について，その基礎的・基本的なものを明確にする
　　　　・学校の教育目標の有効な達成を図るため，重点を置くべき教育の内容を明確にする
　　　　・各教科等の指導において，基礎的・基本的な知識・技能の確実な習得と思考力・判断力・表現力等の育成を図るとともに，主体的に学習に取り組む態度を養う指導の充実や個に応じた指導の推進に配慮する
　　　　・学校の教育活動全体を通じて行う道徳教育及び体育・健康に関する指導及び自立活動の指導について，適切に指導されるよう配慮する
　　　　・学習の基盤となる資質・能力や現代的な諸課題に対応して求められる資質・能力など，学校として，教科等横断的な視点で育成を目指す資質・能力を明確にし，その育成に向けた適切な指導がなされるよう配慮する
　　　　・児童生徒や学校，地域の実態に応じて学校が創意を生かして行う総合的な学習の時間を適切に展開できるよう配慮する
　　　イ　授業時数を配当する
　　　　・指導内容との関連において，各教科，道徳科，外国語活動，総合的な学習の時間，特別活動及び自立活動の年間授業時数を定める
　　　　・各教科等や学習活動の特質に応じて，創意工夫を生かし，1年間の中で，学期，月，週ごとの各教科の授業時数を定める
　　　　・各教科等の授業の1単位時間を，児童生徒の障害の状態や特性及び心身の発達の段階等，及び各教科等や学習活動の特質を考慮して適切に定める

ウ　指導内容を組織する
　　　・各教科，道徳科，外国語活動，総合的な学習の時間，特別活動及び自立活動について，各教科等間の教育の内容相互の関連を図る
　　　・個々の児童生徒の実態を踏まえた教育内容を把握する
　　　・各教科等を合わせて指導を行う場合には，各教科等の関連性について明確にする

(5) **教育課程を実施する**
　・児童生徒の小学部では6年間，中学部，高等部段階では3年間を見通した学習計画を構想する
　・各教科等の目標及び内容に即して，学習活動を総合的・実際的な活動として把握し構想する
　・学習活動を単元化（「遊びの指導」，「生活単元学習」，「作業学習」など）あるいは，段階化（日常生活の指導など）し，全体の指導計画を作成する
　・教科等ごとに，指導すべき目標・内容を明確にして，個別の指導計画に基づく指導を行う

(6) **教育課程を評価し改善する**
　〇実施中の教育課程を検討し評価して，その改善点を明確して改善を図る
　〇授業全体の目標達成状況について目標に準拠して評価するとともに，その過程における児童生徒個々の学習の達成状況について（個別の指導計画に即して）各教科等の目標及び内容に基づいて，観点を踏まえて評価し，授業改善につなげる
　　・個別の指導計画などの評価の資料を収集し，検討する
　　・整理した問題点を検討し，原因と背景を明らかにする
　　・改善案を検討する

執筆者一覧

編著者

丹野 哲也	文部科学省視学官（併）特別支援教育調査官
武富 博文	国立特別支援教育総合研究所総括研究員
	文部科学省視学委員（命）特別支援教育調査官
	（知的障害者用教科書改訂担当）

執筆者

丹野 哲也	上掲
武富 博文	上掲
田中 秀明	鳥取県立白兎養護学校教諭
四ツ永信也	鹿児島大学教育学部附属特別支援学校教諭
宮本 朋子	京都府立南山城支援学校教諭
宮本 真吾	和歌山県立紀伊コスモス支援学校教諭
増田謙太郎	東京都北区教育委員会指導主事
中村 大介	東京都立志村学園副校長
三上 宗佑	東京都立城東特別支援学校主任教諭
上仮屋祐介	鹿児島大学教育学部附属特別支援学校教諭
佐藤 圭吾	秋田県教育庁主任指導主事
工藤 智史	秋田県立能代支援学校教諭
神田 純一	秋田県立能代支援学校教諭
藤田 有希	広島県立庄原特別支援学校教諭
海老原玲子	千葉県立湖北特別支援学校教諭
尾高 邦生	東京学芸大学附属特別支援学校教諭
加藤 公史	愛媛大学教育学部附属特別支援学校教諭
西山 雅代	香川県立香川丸亀養護学校教諭
菊地 一文	植草学園大学准教授
藤川 雅人	青森県教育庁指導主事
髙嶋利次郎	北海道今金高等養護学校校長
杉浦真理子	前 愛知県立みあい特別支援学校校長
山本 静	石川県立明和特別支援学校教諭
塩田このみ	東京都世田谷区教育相談室心理教育相談員
宮本 剛	やまぐち総合教育支援センター研究指導主事
西東 幹子	北海道中札内高等養護学校幕別分校教諭
東内 桂子	広島県立呉特別支援学校校長
松田 実	京都市立白河総合支援学校校長
吉田真理子	東京都立八王子特別支援学校校長
小玉 義明	新潟県見附市立見附特別支援学校校長
伊丹 由紀	京都市立呉竹総合支援学校教頭

堀内　厚子	千葉県総合教育センター研究指導主事
村上　直也	岡山県教育庁指導主事
清水　　潤	国立特別支援教育総合研究所主任研究員

編集協力

教育政策研究会（特別支援教育部会）

井原　　優	東京都教育庁統括指導主事
伊藤　昌高	愛知県豊橋市教育委員会主査
川口　真澄	東京都立城東特別支援学校校長
黒田　紀子	東京都北区立西浮間小学校教諭
髙須賀美雪	愛媛県新居浜市立中萩小学校主幹教諭
滑川　典宏	国立特別支援教育総合研究所主任研究員
原川健一郎	東京都清瀬市教育委員会指導主事
松見　和樹	千葉県教育庁指導主事
山本　公香	神奈川工科大学 （元 政策研究大学院大学コーディネーター）
吉池　　久	東京都立南大沢学園副校長
今野　雅裕	政策研究大学院大学特任教授
井上　　敦	政策研究大学院大学専門職
宮部　友紀	政策研究大学院大学プログラム運営担当

執筆順
所属は平成30年3月現在

知的障害教育における
カリキュラム・マネジメント

2018（平成30）年5月28日　初版第1刷発行

編　著　者　丹野　哲也／武富　博文
発　行　者　錦織　圭之介
発　行　所　株式会社東洋館出版社
　　　　　　〒113-0021
　　　　　　東京都文京区本駒込5丁目16番7号
　　　　　　（営業部）電話03-3823-9206　FAX03-3823-9208
　　　　　　（編集部）電話03-3823-9207　FAX03-3823-9209
振　　　替　00180-7-96823
U　R　L　http://www.toyokan.co.jp

装　　　幀　中濱　健治
印刷・製本　藤原印刷株式会社

ISBN978-4-491-03510-9
Printed in Japan

JCOPY　＜(社)出版者著作権管理機構　委託出版物＞
本書の無断複写は著作権法上での例外を除き禁じられています。
複写される場合は，そのつど事前に，(社)出版者著作権管理機構（電話：03-3513-6969,
FAX：03-3513-6979, e-mail：info@jcopy.or.jp）の許諾を得てください。